U0034190

比特幣
投資金律

The Bitcoin Investing Laws

加密貨幣實戰教學與進階獲利法

黃文逸（腦哥Chill塊鏈） 著

目錄
Contents

Part 4 進階幣圈投資：放大獲利的 7 種策略

推薦序

派網（Pionex）台灣董事長 吳德威

　　根據一份國外的調查，在加密貨幣的用戶裡有 42% 是不到 35 歲的用戶（18 到 34 歲），反而是經濟主力的戰後嬰兒潮（boomer）跟 X 世代（Gen X，我大概也算……）對加密貨幣有操作的四人之中不到一個。這個緣由的說法很多，Z 世代（90 年代末葉）也被稱之為「悲觀世代」（Pessimistic Generation），他們只有從父母那聽過經濟華麗起飛的故事，在沒有辦法決定自身命運的情況下，背負了超多的國債、學貸、物價造成的超額消費，形成了一種世代不正義。我自己的孩子正在就讀大學，我也花了很多時間勤走校園分享人生，在多數晦暗不清的年輕面孔中，1997 年次的腦哥，能在就讀政大的青澀歲月裡，「揭竿而起」，成為悲傷世代裡毫不悲傷的投資領

袖、區塊鏈專家，不只讓我刮目相看，也讓不分年齡層、不分學歷高低的投資大眾，從他的 YouTube 頻道「腦哥 Chill 塊鏈」節目裡，以輕鬆有趣的方式，一窺加密貨幣的堂奧。

行有餘力，腦哥以 24 歲之姿能撰寫本書，更是讓我折服。老實說，我就是實體經濟的勝利組，斜槓並且半路出家跟著年輕人學習加密貨幣，這本書恰恰帶給我從零到一的認知，從原理、到歷史事件、名詞解釋，各大幣種和交易所介紹、乃至推薦 twitter 名人帳號以便讀者持續學習，鉅細靡遺，安排用心，筆觸清晰，是認識加密貨幣一定要推薦的好書。我相信更能奠定腦哥在新世代中的投資教主地位，當然也可以進一步教育老韭菜們正確的區塊鏈知識。

腦哥這一本書並不以商業為目的，他在很多章節裡提醒投資者或初學者不要踩坑，以及發生問題後如何自救，這些應該都是他切身的體驗，並且把幣圈裡繳的學費與血淚分享給大家，不為商業利益而傾斜，引導讀者正確的投資理想而不是幻想，這是非常難得的。

派網（Pionex）的量化交易、網格操作、期現套利的工具，

常常在腦哥的 Youtube 頻道裡被拿出來推薦示範，讓更多的全球用戶能接觸到我們的產品，也因此收到許多可精進產品的建議。我和腦哥希望更多的朋友、跨世代的族群，都能夠清楚的認識區塊鏈以及加密貨幣工具。投資或不投資，投多投少都不要緊，但不能因為不知道、不想知道、排斥知道，而形成錯誤認知。讓我們讀完這本好書，推薦給更多朋友，跟腦哥一起 To The Moon ！

現在正是投資比特幣最好的時期

比特幣，一個令人既熟悉又陌生的詞彙。

我對比特幣的第一印象，是 2017 年的夏天。當時，甫升上大二的我從學長口中聽到這個詞，所以很感興趣地問了一些相關問題，像什麼是比特幣？似乎在哪裡聽過這個詞……等等。然而，（在我印象中）學長當時能給我的回答也僅限於「它是一種虛擬的數位貨幣」、「炒作很兇」等等而已。

可惜的是，那時我沒有追問，也沒有繼續深究。

後來 2018 年 12 月的某一天，我去上了政大最熱門的選修課之一「工商心理學導論」。這堂課的特色之一，是教授會不定期邀請外面業界的老師來與同學分享心理學實際在產業上的應用。那一天，受邀來分享的業師介紹了 FOMO（Fear of

Missing Out，害怕錯過）與 FUD（Fear, Uncertainty, Doubt。
恐懼、不確定性與懷疑）等投資領域上的心理學概念。前者常
用在一項投資標的快速漲價時，投資人因為害怕錯過明日漲幅
而不顧一切的進場，通常是危機的警訊；後者則相反，常指在
投資人遇到不確定行情時的過度拋售風潮，而這通常是反彈的
徵兆。

業師那堂課舉的市場實例，正好就是當時令所有人陷入
FUD 的比特幣。

比特幣市場正處在 2017 年泡沫化最黑暗的時刻，從
19,000 美元歷史高點跌到 3,000 美元的谷底。

下課後，我不像平時一樣跑回系辦玩手機遊戲，而是留
下來拚命地問業師各種問題。這一次我的問題從「虛擬貨幣是
什麼？」成了「該怎麼買比特幣？」當時我哪裡曉得比特幣市
場價格正在幣價連續被腰斬的極度恐慌時期？我的腦海裡只有
一個念頭：比特幣很酷，而且聽起來現在是低點。

我花了兩個禮拜處理好銀行帳號（抱怨一下，我跑了銀
行四趟以上才辦好，傳統金融有夠難用）、註冊了台幣交易所、
入金、買進人生第一筆比特幣。從後見之明看來，這是近幾年
最好的抄底時機之一，但當時的我除了覺得比特幣很新潮之

外，幾乎是只憑「四年周期」的低點就無腦買進了。這是值得效法的投資建議嗎？絕對不是。但我從買入至今始終 HODL（持有）沒有賣掉的策略，或許可以給初入幣圈的讀者們參考。（關於投資策略，比較心急的讀者可以直接翻到第四章）

時間快轉到 2020 年的春天，當時我剛結束期貨業的實習，打算到新創產業挑戰一下自我。在一次新創博覽會上，我再度被「區塊鏈」相關的新創公司吸引。我將履歷投到了兩家有趣的團隊，很幸運地得到 Dapp Pocket 的面試機會，並錄取為研究實習生。當時只覺得區塊鏈很有趣才選這個產業的我，做夢也不會想到這個決定會直接影響我將來全力投入的第一份事業；更想不到的是當時錄取我的那位年輕創業家 Anderson，後來竟成為知名交易所 CoinOMO 的共同創辦人暨技術長，也成為指引我生涯發展的恩師和貴人。

接下來的事情，「幣圈」人就比較熟悉了。我在 DP 除了擔任研究實習生，也負責撰寫每週更新的 DeFi 每週報告（現《The DeFier 週報》）。這一寫就是一年半，中間經歷出國交換、甚至畢業旅行也沒間斷過。我在那年暑假受到 Anderson和 Lily 的鼓勵，開始經營 YouTube 頻道「腦哥 Chill 塊鏈」，嘗試把所學的幣圈知識用最簡單的白話、最平易的管道分享給

所有人。

2020 年 12 月，我被推薦加入「Binance 幣安隊長」計畫，成為台灣最年輕的幣安隊長；隔年 4 月，我擔任派網 Pionex 城市經理人暨校園大使。就在頻道和市場看起來越來越好的時候，比特幣市場經歷了 4 月到 7 月的大幅度回調。我的頻道的發展停滯，投資獲利也回吐了大半。這讓我再度回想起當年業師教的 FOMO 情緒陷阱，也深刻體會了在比特幣市場盲目隨著幣價追漲殺跌的高風險性。

在我經營幣圈社群的期間，市場上出現過許多「萬倍」報酬率的奇蹟，也聽見不少被詐騙或「空氣幣」敗光資產的受災戶；出現過馬斯克（Elon Musk）靠一己之力把狗狗幣喊到千億美元市值，也少不了 312、519 的瀑布式幣價崩盤。我雖無緣到抓住哪個萬倍幣一夜致富，但有幸憑著最簡單的幾個幣圈投資策略，靠現貨、放貸、量化交易、有紀律地使用槓桿等，在比特幣、以太幣等主流加密貨幣的投資上賺到人生第一桶金。我認為這個策略適合大多數的新手幣圈人，希望能分享給更多人聽。

回過頭看，也許你會羨慕我幸運在近年來最理想的時間點進場幣市，但真的是如此嗎？只憑著一堂業師課就拿零用錢

省下來的存款投進完全沒有研究過的市場，真的是值得光榮的投資經歷嗎？人們習慣用投資績效來判斷一切，但結果論卻常常忽視投資最重要的一個原則：風險與報酬的關係。

至今為止何時才是我們一般人投資比特幣最理想的時候？

如果你只考慮績效，那麼當然是十年前比特幣剛問世時，一萬個比特幣才買得起兩片披薩的時期。但作為一個剛問世兩年、八成人民還沒聽過（聽過也都視為詐騙）的新型態數位貨幣，以投資的角度買幣「風險」實在是太高了。這裡指的風險不是波動率，而是比特幣是否能持續存在、持續被市場視為有價值的「資產」或為曇花一現的「泡沫」。**很多人以為比特幣漲跌幅度比股市大得多，因此不願承受風險，但這完全是將風險這個詞的意思搞錯了——你只要投入較少比例資金就能避免波動率對本金的影響了。**

近年來，區塊鏈產業進展連連，項目方從「白皮書談兵」進化到了真正「程式碼論真章」；機構資金開始關注，華爾街從「比特幣是場騙局」變成了「比特幣能分散風險」；公司企業開始採用，區塊鏈從乏人問津到現在有推特、臉書等企業積

極整合；最重要的是，政府意識到比特幣不再是應該放任的科技，薩爾瓦多成為史上第一個使比特幣為法幣的國家，美國也在 2021 年 10 月 19 號通過了第一檔比特幣（期貨）ETF（NYSE Arca，交易代碼 BITO）。

在國家認可比特幣的那天之前，沒有人能保證比特幣市場將持續活躍；在華爾街完成比特幣配置後，比特幣市場也將快速迎來飽和。我們正處在美國證監會隨時能批准一個又一個比特幣合法金融商品，華爾街卻就是差這臨門一腳的交叉路口。單就「風險報酬比」而言，綜觀比特幣歷史，**我斗膽認為：現在，很可能就是一般人投資比特幣最好的時期。**

我在撰寫這本書的內容時，圍繞著幾個核心的理念：首先，任何人不應該草率投資沒有一定程度了解的資產。**靠運氣賺來的，總有一天會靠實力賠掉。**因此，第一章我從區塊鏈和比特幣的發源開始簡單介紹了這個新科技應該具備的 15 個常識（我不是理工背景，所以不會有技術內容，請安心服用）。接著，任何高報酬率的機會永遠伴隨著無數風險，加密貨幣市場更是如此，因此我在第四章投資策略前，用整個第三章介紹了如何避免踩雷、以及一般比特幣推廣者不多著墨的加密貨幣

風險。最後，才是介紹進階的比特幣投資策略與工具，本書第四章介紹的 7 種獲利策略有經典不敗款、也有近期才出現的最新玩法，但共通點是「**獲利來源明確、獲利機制可持續**」的策略。而這也是新手初入幣圈選擇任何策略時必須注意的重點。任何的投資策略都要了解它背後的獲利來源，否則很可能你的本金成了別人的獲利來源。

本書內容雖然盡量追求詳實，但市場瞬息萬變且個人能力有限，無法完整地將加密貨幣投資的所有細節呈現給各位讀者，在此奉上最誠摯的歉意。如果讀者對內容有疑慮或是想要反饋給我的意見，歡迎到我的 Facebook 粉專「腦哥 Brain Bro」告訴我。最後，本書的完成，仰賴一心文化的編輯大大芳毓的鼎力協助，以及在審稿時給予我不少提點的 Anderson、Benson、Daivd、Wilson、果殼律師與區塊里里長伯等人，沒有你們的幫助就不會有這本書的誕生，在此致上 120 萬分的感謝。

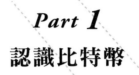

Part 1
認識比特幣

銀行為華爾街服務，加密貨幣為所有人服務
（The banks serve Wall Street, crypto serves all streets.）

——Bitcoin Rap Battle Debate

1-1
比特幣的誕生

在金融市場動盪中問世

2008年9月，美國「次級房貸」引發的金融海嘯席捲全球，全美第四大的投資銀行雷曼兄弟6130億美元壞帳的倒閉衝擊，不但宣告了全球金融危機襲來，對於政府和金融機構的不信任感也在大眾心中蔓延。同年10月，一位署名「中本聰」（Satoshi Nakamoto）的神秘人士，在 metzdowd.com 網站發表了一篇文章，標題為《比特幣，點對點的電子金錢系統》（Bitcoin, A Peer-to-Peer Electronic Cash System）。這就是後來大名鼎鼎的「比特幣白皮書」，也是比特幣這個詞第一次出現在人們的視野裡。

這篇白皮書，僅有短短的九頁 A4 篇幅，但從加密貨幣產業至今的發展看來，這一紙白皮書可說動搖了幾十年來人們根深蒂固的金融與貨幣觀。事實上，中本聰並非無中生有，純靠一己之力就完成這個近乎烏托邦的偉大構想，加密貨幣的淵源也奠基於許多前輩的心血之上。

早在 1990 年代，有一群被稱之為賽博龐克（Cyberpunk）的密碼學專家，常出沒於小眾網路論壇中積極研究。他們想要運用「數學」，讓金融交易可以去除第三方的控制（即所謂的「去中心化」），只存在於買方和賣方兩者之間。那時，賽博龐克圈中的密碼學專家們，提出了多種密碼貨幣系統，例如尼克‧薩伯（Nick Szabo）的比特金（Bit Gold）、哈爾‧芬尼（Hal Finney）的 RPOW、大衛‧喬姆（David Chaum）的「電子現金」（Digi cash）。可惜的是，這些計畫當時並沒有掀起太大的漣漪。直到 2008 年，中本聰的比特幣白皮書融合了前輩們的觀念，提出了全新的「區塊鏈」（Blockchain）技術。在天時（金融不信任）、地利（網路建設）、人和（開發者支持）都已成熟的條件下，2009 年 1 月 3 日中本聰挖出（Mine）了歷史上第一個區塊，也就是比特幣的創世區塊（Genesis block），也宣告了比特幣區塊鏈網路正式上線。

比特幣之父中本聰消失

比特幣問世之初，並沒有在全球範圍造成什麼影響，而是僅在少數愛好者之間彼此交流、改進系統。中本聰也參與了比特幣初期的升級與改良設計。

2010 年 12 月，因為有許多支持者用比特幣捐款給當時涉入洩漏美國外交機密的網站「維基解密」（WikiLeaks），中本聰覺得此舉會讓政府側目，但他並未制止，而維基解密最後也接受了比特幣捐款。不久之後，中本聰逐漸開始減少他在網路上的發言，最後在 12 月 12 日回應完最後一個程式碼問題後，這位比特幣之父無預警地徹底與外界斷聯。比特幣的發展並沒有隨著發明者中本聰的失蹤而停止，反而開始出現越來越多的狂熱者，自發的技術團隊持續升級比特幣區塊鏈的技術，與此同時，比特幣的價格也不斷飆升。

十年的飛速成長

在中本聰消失的這短短十年之中，從 2009 年 10 月，一

美元可以換到 1300 多個比特幣，到了 2021 年第一季，一個比特幣的價格曾超過六萬美元，成為無數投資者爭相搶進的新市場。與此同時，也有數千種受到比特幣概念啟發的加密貨幣不斷誕生，例如以太幣、萊特幣等等。這些幣通常參考比特幣的概念或改進比特幣的缺點，被稱為「競爭幣」或「山寨幣」（Altcoin）。截至 2021 年 9 月，全部加密貨幣的總數達到 1.1 萬種，總市值超越 2 兆美元，光是比特幣市值就佔 8356 億美元。

作為比特幣的核心技術，區塊鏈也在這十年間獲得了爆炸性的成長，孕育出了智能合約、ICO（首次代幣發行）、DeFi（去中心化金融）、Dapp（去中心化 App）、NFT（非同質代幣）、DAO（去中心化自治組織）等等應用。部分比特幣狂熱者認為，比特幣與區塊鏈就像是千禧年的網際網路，是可以改變世界的新世代網路革命。因此，加密貨幣的市值，跟黃金的 11 兆美元的總市值，還有世界頂尖企業相比，如蘋果市值 2.4 兆美元，谷歌 1.8 兆，微軟 2.25 兆，亞馬遜 1.7 兆，臉書 9754 億（2021 年 9 月），比特幣顯然有相當大的成長空間。

	Rank		Name	Symbol	Market Cap	Price
☆	1		Gold	GOLD	$11.142 T	$1,754
☆	2		Apple	AAPL	$2.427 T	$146.83
☆	3		Microsoft	MSFT	$2.251 T	$299.56
☆	4		Alphabet (Google)	GOOG	$1.886 T	$2,836
☆	5		Saudi Aramco	2222.SR	$1.862 T	$9.32
☆	6		Amazon	AMZN	$1.73 T	$3,416
☆	7		Silver	SILVER	$1.28 T	$22.74
☆	8		Facebook	FB	$975.41 B	$345.96
☆	9		Bitcoin	BTC	$835.62 B	$44,390
☆	10		Tesla	TSLA	$754.97 B	$753.64
☆	11		Berkshire Hathaway	BRK-A	$629.66 B	$418,390
☆	12		TSMC	TSM	$602.57 B	$116.19

2021 年 9 月 24 號世界資產排名，比特幣市值比台積電和特斯拉還靠前。
來源：8marketcap.com。

1-2
比特幣的特性：知識篇

　　比特幣之所以難懂，除了它是一個未被廣泛採用的新資產、新科技之外，也因為多數人習於直接解釋投資與挖礦等獲利導向的應用，跳過了技術性與知識上的介紹，讓許多即使已有多年投資經歷的老手，仍然霧裡看花。筆者認為，短期而言，快速理解幣圈投資技巧或許能讓你更快獲得報酬率，但進一步認識比特幣與區塊鏈的基礎概念，不但能讓你的投資之路少踩雷，還能明確自己的長線策略。

　　貨幣在歷史演進中，從原始的貝幣、金幣、具有貴金屬支持的紙幣、具有政府支持的法幣，到現在許多的數位形式。我們可以看出一段從「去中心化」資產（如黃金）往「中心化」資產（如法幣）的轉變，以及從實物貨幣（如金幣）往數位貨

幣（如支付寶）的轉變。時至今日，我們已經習慣日常使用的貨幣是由某個機構如政府、企業擔保，以確保其價值，卻忽略了貨幣根本的價值是來自一項資產的「稀缺性」、「不易衰敗」、以及「眾人認同」等性質。比特幣便是圍繞此核心設計的數位貨幣。在接下來的兩篇文章，我會帶讀者了解比特幣最重要的 15 個特性，包含了一開始就設定好的發行和交易規則。

比特幣特性 1：沒有中央銀行的數位貨幣

比特幣是一種只存在於網路上的虛擬數位貨幣。剖析來看，它就是一串數位代碼罷了。然而，在比特幣問世之前，世界上早已存在許多不同形式的虛擬貨幣，包括網購商城的點數、線上遊戲的虛擬幣、還有大富翁的紙錢等等……那，為什麼這些虛擬幣沒辦法在其它地方有價值，而比特幣卻可以呢？

這是因為坊間的虛擬貨幣有一個可以掌握發行權的公司。如果他們發行的虛擬幣可以在外面買東西，那他們就等於擁有中央銀行的權力，可以隨意印鈔票。而這是不被市場、也不被政府允許的。除非這間公司主動為這種虛擬貨幣提供其他有實際價值的擔保，否則不用政府限制，市場本身就不會接受。

反觀比特幣，比特幣的發行規則在創造之初就寫定在程式碼中。就像黃金一樣，產量固定、且發行全憑個人動手（挖礦），唯一的差別在於黃金需要實際的空間存放，而比特幣只需要電腦軟體就能儲存。沒有人能增發、修改規則以圖利自己。

比特幣特性 2：多人協作的共同帳本「區塊鏈」

如果我打開手機，給你看我的記帳軟體有一億台幣的資產，你可能覺得我在搞笑；但如果我打開銀行帳戶，裡面存著一億台幣，那就完全不同了。兩者之間差異為何？**我的私人記帳本可以自行竄改，但銀行帳戶不行。**同樣是一行數字，同樣沒有將鈔票擺出來作證據，但唯有銀行等具有公信力的機構提供的帳本資訊，才會被人們認可。

換句話說，一套貨幣系統最重要的並非其中「貨幣」（現鈔）的樣貌，而是紀錄著眾人資產移轉與儲存的「帳本」的樣貌。因此，比特幣系統要成為一套可運作的系統，需要的不是鑄造出真正的硬幣，而是設計出一款能令人們認可的帳本技術。

Latest Transactions
The most recently published unconfirmed transactions

Hash	Time	Amount (BTC)	Amount (USD)
7ec78dfb1b8d2f2a9fa812...	14:12	0.00336624 BTC	$214.92
08015f4e9ba12ab29a4e1...	14:12	0.03102594 BTC	$1,980.91
b9ca1c7eeb99686e75e18...	14:12	0.01516275 BTC	$968.10
90b598841edbeca4db1d...	14:12	1.00000000 BTC	$63,846.93
74b2b3f6a737d48d6b1bc...	14:12	0.04732820 BTC	$3,021.76
004acdf5d3f685822f998...	14:12	0.02987800 BTC	$1,907.62

比特幣區塊鏈帳本，含每筆交易的細節，任何人都可以查閱。
來源：blockchain.com/explorer

　　中本聰設計的區塊鏈就是一套多人協作的共同帳本。它並不仰賴某個中心化的第三方維護，而是把所有資產紀錄公開透明地放上網路，並由眾人共同協作維護。把一整條區塊鏈想像成一本帳冊，每一個「區塊」就是帳冊上的一頁。每當世界上有新的比特幣轉帳、交易紀錄，我們就寫一頁紀錄上去：讓新的「區塊」接在上一個區塊之後，時間長了，就成了「區塊鏈」。 透過人人可參與的「去中心化」模式，只要過半的系統維護者（記帳成員）是善良的，人們就能信任其中的紀錄。換句話說，我如果打開比特幣區塊鏈軟體，給你看我的帳戶中有 100 顆比特幣，由於區塊鏈上紀錄的都是眾人共同認可，即

使這不是銀行的帳戶，你也能相信我不是在吹牛。任何人都可以去「客戶端」的網站下載「比特幣節點」（full node）軟體，成為維護這個帳本的一份子。每個節點都會擁有一份即時更新的帳本（分散式儲存），紀錄著全網比特幣交易與存款資訊，並且共同維護所有交易活動（分散式管理）。這讓它不需要仰賴金融機構提供信任，免除了高額手續費、單點管理風險與其他中心化的問題。

比特幣特性3：透過礦工「挖礦」維護系統運作

我們常聽說的比特幣礦工（Miner），其實就是指維護比特幣節點（run the nodes）的人。每一筆比特幣交易發生時，交易資訊會先被送到各個節點。為了系統安全性，這些資訊需先由節點完成一波數學運算「解密」後，才能打包並記錄到區塊鏈上，一筆交易才會被認可。中本聰深知，沒有人閒著沒事替大家算這些數學（沒錯，就是用顯卡挖礦的動作），因為這過程十分的費電。因此，比特幣系統設計成會給成功打包區塊的紀錄者一些比特幣作為獎勵，以此激勵眾人參與系統維護。越多人參與，權力分散的去中心化模式就更落實。

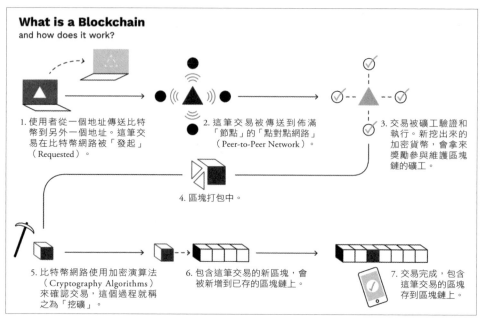

What is a Blockchain
and how does it work?

1. 使用者從一個地址傳送比特幣到另外一個地址。這筆交易在比特幣網路被「發起」（Requested）。

2. 這筆交易被傳送到佈滿「節點」的「點對點網路」（Peer-to-Peer Network）。

3. 交易被礦工驗證和執行。新挖出來的加密貨幣，會拿來獎勵參與維護區塊鏈的礦工。

4. 區塊打包中。

5. 比特幣網路使用加密演算法（Cryptography Algorithms）來確認交易，這個過程就稱之為「挖礦」。

6. 包含這筆交易的新區塊，會被新增到已存的區塊鏈上。

7. 交易完成，包含這筆交易的區塊存到區塊鏈上。

區塊鏈交易的運作流程。來源：bitpanda.com

　　而對於這些紀錄者而言，他們只需要裝置顯示卡（或是專門的礦機），就能讓電腦軟體去跑節點程式了。這種耗費電力（勞力）以賺取比特幣（數位黃金）的行為，像極了貢獻體力，挖取稀有金屬的模式，因此，維護節點被稱為「挖礦」、維護節點的人被稱為「礦工」、而擺著一堆挖礦中顯卡的倉庫，就被稱為「礦場」了。

比特幣特性 4：產量四年減半，限量 2100 萬顆

物以稀為貴，這個鐵律即使在作為計價標準的「貨幣」上也適用。就像美國無限 QE（印鈔票）會使美元貶值一樣，任何貨幣如果大量發行也會使價格受到「通貨膨脹」的侵擾。中本聰深諳此道，比特幣在創始之初，就設定好了其未來的發行規則：每十分鐘產生一個區塊、前四年每個區塊產出 50 顆新的比特幣給礦工、之後產出量四年減半一次、發行量上限 2100 萬顆。在 2021 年 10 月，已經挖出的比特幣數量為 1882 萬顆，達到總產量的 90%，最後一顆比特幣將在 2140 年被挖出。

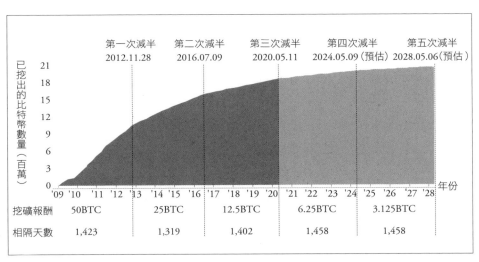

比特幣產量及減半日期。資料來源：MESSARI

比特幣至今已經經歷過三次產出減半，目前每個區塊獎勵為 6.25 BTC。這個機制使比特幣作為貨幣的通膨速度逐漸減少，在 2140 年全部挖完後，會更加具有稀缺性。

比特幣特性 5：
基於密碼學的虛擬貨幣，才能稱為加密貨幣

筆者習慣稱比特幣等基於區塊鏈的虛擬貨幣為「加密貨幣」（Cryptocurrency），是因為區塊鏈背後交易確認時有密碼學技術為基礎（SHA-256 加密算法、非對稱加密、橢圓加密算法……等等技術性名詞，這裡就不多展開了）。這些密碼學對比特幣的安全運行起到關鍵的作用，也正是因為此點，區分了比特幣與其他未上鏈的數位貨幣和虛擬貨幣的差別。

比特幣特性 6：比特幣存放於「錢包」中

就像我們存到銀行的錢會存放在「帳戶」中，個別的比特幣存放單位稱為「錢包」（bitcoin wallet）。

與銀行帳戶的帳號、密碼的概念雷同，當我們在比特幣區

塊鏈上「創建錢包」，我們會得到一組「地址與私鑰」。地址，是一段由英文字母和數字組成的字串，可以公開，用來接收別人的轉帳；私鑰（Private key）則是屬於你自己的，用來確認這個地址的使用權。私鑰經過橢圓曲線密碼學（Elliptic Curve Cryptography）加密之後，會產生公鑰（Public Key），公鑰再經過雜湊函式（Hash function）的打亂重組，產生了加密貨幣的「地址」（通常也會轉成 QR 碼）。最重要的是，這個過程是不可逆的，所以擁有地址的人無法推導出私鑰和公鑰，這也是加密貨幣成立的重要原因。值得一提的是，我們也可以在區塊鏈瀏覽器上找到別人地址的歷史紀錄與當前餘額（不必擔心金融隱私，因為地址不會附帶其他個資）。

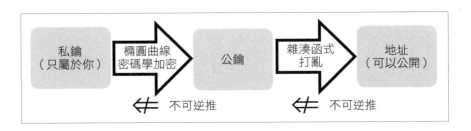

私鑰、公鑰和地址的關係

加密錢包都會提供備份的助記詞（mnemonic phrase、recovery phrase、seed phrase），通常是 12 或 24 個單詞，請照順序手寫在紙上（不要用截圖、拍照或存在雲端，避免外洩）並妥善保存。在電腦或手機遺失或故障時，助記詞可以幫你找回錢包和數位資產。

1 toe	7 little
2 miss	8 wink
3 arrive	9 any
4 bonus	10 knee
5 gallery	11 exhaust
6 fan	12 below

備份加密錢包的助記詞範例。來源：newdaycrypto.com

　　除了名詞的不同，比特幣地址還有幾個特性需要注意：

　　1. 比特幣錢包有匿名性。註冊比特幣錢包不需要身分驗證，讓使用者可以跳過政府和銀行等金融機構的監管。更精確的說法，是比特幣的錢包的地址是和金額流向是公開的，但是誰擁有這個錢包，則是追查不到的（術語上稱為「偽匿名性」）。

　　2. 加密貨幣的轉帳限同一條區塊鏈。典型的新手錯誤就是在轉帳的時候，將其他區塊鏈上的加密貨幣（如以太幣）打到一個比特幣地址，這轉帳會打到虛無空間，可愛的錢錢會一去不回，因此加密貨幣轉帳前一定要注意接收方的地址有沒有

打錯字、或是整個鏈選錯。此點筆者在之後的交易所轉帳介紹
（本書 97 頁）會詳細解釋。

如果看完這段你仍對比特幣錢包、地址、私鑰之間的關
係感到困惑，那麼只要這樣比較就可以了：

台幣的運作：去找銀行開「帳戶」，得到用來接收轉帳
的「帳號」，和不能告訴別人的「密碼」。

加密貨幣的運作：到提供服務的網站開「錢包」，得到
用來接收轉帳的「地址」，和不能告訴別人的「私鑰」。

比特幣特性 7：去中心化

當我們從銀行轉帳給別人時，表面上完全是由我操作，
實際上中間經過銀行的確認與放行。銀行作為一個第三方機構
托管了我們的帳戶與資金，是一種中心化的金融系統。而比特
幣則是將轉帳資訊直接發到網路上，由眾多礦工各自紀錄，是
為「去中心化」（Decentralization）。

去中心化體現在發行上，法幣由「央行」決定，比特
幣則由已經寫好的系統自動運作；體現在儲存上，法幣的帳戶
資訊由「銀行」主機儲存，比特幣資訊則分散儲存在各個節點

中；體現在管理上，法幣的規則可以由「政府」更改，比特幣的規則需要過半數節點共同響應等等。

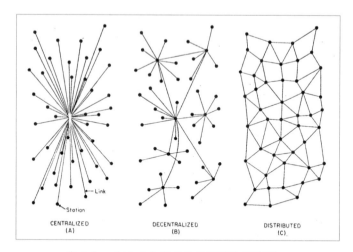

中心化、去中心化和分散式網路的示意圖。
來源：Paul Baran's "On distributed communications networks, 1962.Sep

　　去中心化是比特幣的最重要的天性，它使比特幣擁有許多獨一無二的特質。其中包含：

　　1. **抗監管**。任何比特幣的轉移無法受到政府等監管單位控制（看得到，擋不到）。

　　2. **無須許可**。只要有網路，任何人可以無條件創建比特幣錢包，下載比特幣客戶端、轉移與儲存比特幣。

　　3. **抗單點風險**。中心化系統如果主機被駭客攻擊，可能

導資金被竊。比特幣網路由於是共同維護，除非駭客同時攻進 51% 以上的節點（關於 51 攻擊，請見本書 62 頁），否則無法更改任何資料。

這些特質使比特幣成為金融基礎建設不普及的地區很方便的資產，但也使它成為黑市洗錢、詐騙份子愛用的隱蔽工具，可以說有利有弊。順帶一提，雖然比特幣網路是去中心化的，但是加密貨幣交易所卻是中心化的，仍然存在被攻擊和監管的風險，這也催生了後來的去中心化交易所（DEX）的誕生。

比特幣特性 8：礦工費

每當執行一筆比特幣轉帳時，用戶需要支付些微比特幣作為礦工協助記帳的小費，稱為礦工費（Transaction fee）或燃料費（Gas fee）。區塊鏈上的礦工費與轉帳金額大小無關，轉 100 顆比特幣與轉 1 顆比特幣的花費相同。影響的是當時比特幣網路堵塞的程度，如果同一時間有大量比特幣轉移發生，則用戶需要支付更多礦工費，才能更快完成轉帳。

這個協議使比特幣交易更符合「使用者付費」的精神，也避免有心人士大量傳送垃圾資訊到區塊鏈中。此外，也免去了比特幣於 2140 年挖完後沒有礦工願意維護節點的問題。值得注意的是，一般我們在交易所中買賣比特幣不需要支付礦工費，因為那些幣是屬於托管制的；只有在轉進、轉出不同帳號或錢包才需要。

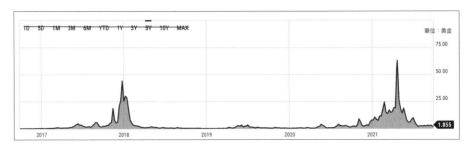

平均每日單筆比特幣礦工費。資料來源：ycharts.com

1-3
比特幣的特性：投資篇

上一篇介紹了比特幣作為首個有交易價值的加密貨幣與入門必備常識後。本篇則是介紹對一個投資人而言，比特幣有哪些不可不知的特點。

比特幣特性 9：比特幣有「基本面」嗎？

比特幣背後沒有一間營利公司為股東賺錢，無法以傳統財務分析的方式做基本面分析。由於它不屬於傳統資產，缺乏明顯的內在價值，比特幣是否有基本面、基本面為何，市場尚沒有一個公定的標準。

然而，綜合坊間主流觀點，筆者認為我們至少可以從兩

個方面去判斷比特幣的基本面行情：

1. 系統性能

比特幣是一套程式碼，而所有的應用皆仰賴這套程式的順暢運作。舉例而言，比特幣轉帳的速度多快、轉帳的花費多貴、比特幣網路是否足夠安全等等。這些性質可以透過研究比特幣程式碼與節點、用戶使用情況來分析。2021 年 11 月，在超過90% 礦工同意下，比特幣將迎來四年來最大的一次系統升級，稱為「Taproot」升級。這個升級將使比特幣區塊鏈的可開發性得到提升。如果此次系統升級成功，比特幣認為將視為比特幣基本面的一次優化。

2. 廣泛應用程度

比特幣是一種數位貨幣，而貨幣的價值來自於其可交易和儲蓄的程度。有多少商家願意接受比特幣支付？有多少民眾願意持比特幣當作存錢？比特幣被越多人接受，它就越有價值。2021 年 9 月 7 日，比特幣正式在薩爾瓦多成為法定貨幣，薩爾瓦多國民可以用比特幣來繳稅、薩爾瓦多店家不得拒絕比特幣付款。這是比特幣應用史的一大躍進，可以視為其基本面的提升。

比特幣特性 10：劇烈波動的市場

　　比起多數股票、債券市場，比特幣與加密貨幣的漲跌波動可說高得驚人。這主要可歸因於比特幣流動性相對較小，使得「鯨魚」（大戶）的進出常能造成幣價較大的影響。另外，比特幣沒有漲停板、跌停板的機制，也沒有美股「熔斷」等劇烈行情中的因應措施。再加上比特幣常被視為高投機性質的標的，一波行情來的時候，許多追漲殺跌的資金與槓桿的影響，也會使其波動更加劇烈。舉最近一次的暴跌來說，2021 年 9 月 8 號，比特幣突然在一小時內從近五萬美元跌了七千美元來到四萬三千美元左右，這接近 19％ 的跌幅讓許多投資人爆倉，甚至連交易所都暫停交易。其實，這種漲跌幅在加密貨幣的世界可以說是司空見慣，每個月都在上演，所以習慣傳統投資市場的投資人，需要先有點心理準備。

比特幣特性 11：四年一次的幣價循環

　　觀察過去十餘年的幣價走勢，可以發現比特幣幣價大約每四年就會有一個高峰與一個低谷，因此人們說比特幣有所謂

的四年週期。這個週期或許與比特幣四年產出減半一次的機制有關,但並沒有有利的證據,也沒人說得準現在的牛市是否已經走完。

比特幣特性 12:普遍偏高的放貸收益

比起其他貨幣,比特幣與加密貨幣的放貸利息通常高出許多。當銀行只能給存款者不到 1% 的活期利息時,許多加密貨幣管理平台、交易所都能夠給出 6% 甚至更高的比特幣/加密貨幣放貸(通常不稱為存款,可能是避免法規定義問題)收益。原因除了加密貨幣產業近年來的高速成長,也與加密貨幣投資人更樂意融資、開槓桿有關。(關於放貸和槓桿投資法,請見本書第四章)

比特幣特性 13:一天 24 小時都可以交易

加密貨幣的交易全年無休,假日也不休市、且一天 24 小時都可以交易。好處是喜愛交易的投資人可以不必在特定時段盯盤,但相對的也讓許多人半夜擔心幣價起伏而睡不好。

比特幣特性 14：如何預期幣價漲跌？

　　與其他投資標的相同，加密貨幣的投資也常仰賴技術面、消息面、籌碼面等分析方法。投資人可以在 TradingView 等資訊平台觀看幣價實時波動。多種技術指標如 RSI、布林通道、MACD 等應有盡有，股市中的技術理論也多有人用。值得注意的是，比特幣的 K 線與國際股市相同，預設是「綠漲紅跌」（台灣股市是綠跌紅漲），且由於幣價波動劇烈，許多交易員更愛看短週期的時區如一小時、四小時，與台股常見聽見的周線、月線形成強烈對比。

　　很多時候「新聞」消息出來後，幣價漲跌已反應完了。不少幣圈投資人有自己的特殊消息來源，其中很多人會追蹤幣圈大佬的 Twitter 帳號（值得推薦的推特名單，收錄在本書 130 頁），因為他們時常在社群媒體上即時發布自己對行情的觀點，或是項目有重大進展的消息。

　　由於區塊鏈資訊完全透明的特性，任何人只要有心，都能追蹤到市場大戶的資金動向（知道錢包資金動向，不知道個人資料）。舉例而言，推特帳號 Whales Alert 就會偵測幾大主

流加密貨幣的「鉅額」轉帳：當它揭露大量比特幣從外部錢包轉入交易所時，被視為大戶可能要「脫手」資金；而當大量比特幣從交易所轉出至外部錢包時，則可能說明大戶「買進」比特幣後決定長期持有。

跟股市一樣，各家判斷市場行情的招數很多，以上只是簡單從三個面向簡介皮毛，不構成任何投資建議。

比特幣特性 15：萬幣之首

作為最古老的加密貨幣，也是市值最大的加密貨幣，幣圈人給了比特幣「大餅」、「大哥」等別稱。儘管比特幣的價值與技術發展與其他加密貨幣可能無關，但一直以來，比特幣的幣價走勢總能影響其他加密貨幣。換言之，當比特幣走高時，總能帶動整個加密貨幣市場；當比特幣走弱，其他加密貨幣通常只會更弱。這主要是因為整個加密貨幣市場還是比較小眾、利基的市場。許多資金的進出偏向一致，就像股市中常說的先選產業再選公司，當比特幣走強，加密貨幣賽道也能跟著受益。

1-4
比特幣簡史與價格走勢

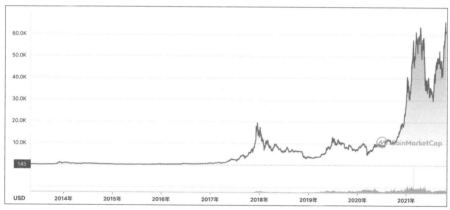

比特幣 2013 年到 2021 年價格走勢。資料來源：CoinMarketCap

2009 年 1 月 3 號：今天是比特幣的生日。比特幣白皮書
《比特幣，點對點的電子金錢系統》發表於 2008 年 11 月 1 日，

但比特幣的生日是「創世區塊」出現的那一天，2009 年 1 月 3 日下午 6 點 15 分，出生地是芬蘭首都赫爾辛基的一台伺服器。九天後的 12 號，中本聰發送了 10 個比特幣給密碼學專家哈爾・芬尼，這是首宗比特幣的傳送。

2010 年比特幣初始價格：0.0025 美元

2010 年 5 月 22 號：史上首次有人用比特幣交易實物。佛羅里達的工程師拉斯洛（Laszlo Hanyecz）在這天向網友 Jercos 花了一萬個比特幣買了兩個大比薩。兩個大比薩價值約 25 美元，所以換算比特幣的單價約為 0.0025 美元。為了慶祝首次的比特幣價格出現，後來的比特幣愛好者會在這天訂披薩來慶祝「比特幣披薩日」（Bitcoin Pizza Day）。

2010 年 12 月 12 號：中本聰失蹤。因為有網友號召捐比特幣支援捲入美國政府洩密案的「維基解密」，據傳比特幣發明者中本聰為了避免成為美國政府的目標，從此不在比特幣論壇發表言論，直到如今依然去向不明，目前也無人得知中本聰的真正身份。根據資料和傳聞顯示，他擁有的比特幣約有 110

萬個，換算成 2021 年的幣價（以 4.8 萬美元計算），這使他名列富比士富豪榜前三十名。但他卻從來沒有移動過分毫比特幣資產。

2012 年比特幣價格：最高 33 美元

2012 年 11 月 28 號：比特幣的第一次挖礦報酬減半。根據比特幣協議，大約每四年比特幣區塊鏈就會遇到一次產量減半。意即礦工每次打包一個區塊的開採獎勵降為原來的一半。首次減半使比特幣獎勵從 50 BTC ／區塊降為 25 BTC ／區塊。

2013 年比特幣價格：20 ～ 1200 美元

2013 年 10 月 3 號：FBI 破獲暗網（Deep web）的交易網站「絲路」（Silk Road）。因為暗網使用的洋蔥瀏覽器（Tor）有完全的匿名性和難以追查的特性，所以許多不法分子都在其中交易，包含了槍枝、毒品、造假證件、兒童色情等等違禁品。比特幣因匿名性成為其中主要貨幣。此次查獲了 2.6 萬個比特幣，這個事件導致比特幣當天大跌 15%，絲路創辦人 Ross

Ulbricht 被處以無期徒刑。

2013 年 11 月 3 號：比特幣價格首次超越一盎司黃金（1043 美元）

2014 年比特幣價格：953 ～ 320 美元之間

2014 年 2 月 28 號：全球最大的交易所的 MT.GOX，向東京法院聲請破產保護。MT.GOX 宣稱遭到駭客入侵，超過 85 萬個比特幣下落不明，約佔當時總流通量的 6%，損失高達 4.7 億美元，造成比特幣崩跌。

2015 年比特幣價格：178 ～ 462 美元

2015 年 1 月 4 號：全球第二大交易所 Bitstamp 被駭客攻擊，損失達到 1.9 萬枚比特幣。

2015 年 10 月：《經濟學人》雜誌封面標題為「信任機制：比特幣背後的科技如何改變世界」。

2016 年比特幣價格：364 ～ 963 美元

2016 年 4 月：世界第一的數位遊戲發行平台 Steam，接受用比特幣購買影音遊戲。

2016 年 7 月 10 號：比特幣的第二次挖礦報酬減半。每個區塊獎勵降為 12.5 BTC。

2016 年 8 月：知名交易所 Bitfinex 遭駭客入侵，失竊了 11.9 萬餘顆比特幣。

2017 年比特幣價格：973 ～ 19798 美元

2017 年 7 月 5 號：南韓最大交易所 Bithumb 公告有三萬名用戶資訊和比特幣遭駭客竊取，損失金額高達數十億韓元。

2017 年 8 月 1 號：比特幣的首次硬分岔，出現了「比特幣現金」（Bitcoin Cash，BCH）。

2017 年 8 月 11 號：舊金山 Coinbase 交易所估值達 16 億美元，榮升第一間獨角獸等級（估值超過 10 億美元）的加密

貨幣新創公司。

2017 年 9 月 1 號：中國人民銀行將 ICO 定調為「非法金融活動」，禁止了首次代幣發行（ICO）和境內的加密貨幣交易。此舉造成比特幣將近半個月的暴跌，也讓許多原本設立在中國境內的交易所轉進海外。

2017 年 12 月 7 日：遊戲平台 Steam 宣佈，因為比特幣交易手續費高漲（舉例來說，一筆交易手續費從 0.2 美元暴漲到將近 20 美元），所以不再接受比特幣付款。

2018 年比特幣價格：16913 ～ 3551 美元

2018 年 1 月 19 號：日本 Coincheck 交易所被盜走 5.34 億個新經幣（XEM），價值約達美元 4.2 億，XEM 當天也因此下跌 9.8%。

2018 年 12 月 26 號：根據 ICObench 發表的《2018 年 ICO 市場市場分析》報告，2018 年 ICO 市場約有 2500 多個

專案，總融資達 116 億美元，但成功率不足三成。

2019 年比特幣價格：3313～13000 美元

2019 年 4 月 25 號：美國紐約州司法部指控 Bitfinex 母公司 iFinex，從關係公司 Tether 的 USDT 庫存非法挪用了 8.5 億美元的 USDT 來彌補損失，過程中沒有足額的美元擔保。

2019 年 7 月 12 號：日本加密貨幣交易所幣寶（BitPoint），宣布遭駭客入侵熱錢包，上千顆比特幣等共計 35 億日圓（20 億是用戶資產）。幣寶在台灣設立的分公司也暫停服務，用戶不僅無法交易，連台幣帳戶都無法提領。截至 2020 年 7 月，帳戶被凍結的台灣受害者還在跟幣寶台灣公司打維權賠償官司。

2020 年比特幣價格：5200～29000 美元

2020 年 5 月 11 號：比特幣第三次挖礦獎勵減半，區塊獎勵降至 6.25 BTC。下一次減半將在 2024 年。通常減半會被認

為是加密貨幣市場的利多。

2020 年 10 月 21 號：電子支付巨頭 PayPal 宣布用戶能夠直接在 PayPal 帳戶中買賣及持有加密貨幣，也將允許用戶使用加密貨幣在 2600 萬家商家進行購物。

2021 年 1 月～ 10 月比特幣的價格：
29374 ～ 67000 美元之間

2021 年 2 月 8 號：電動車廠特斯拉宣布買進 15 億美元的比特幣，在一個月後宣布客戶可以用比特幣買車（但同年 5 月又發文表示基於環保理由，暫緩此計畫）。新聞發布後比特幣價格暴漲約 20%。據估計，此筆買賣獲利 10 億美元以上，比一年的賣車收益賺更多。

2021 年 4 月 13 號：美國交易量最大的加密貨幣交易所 Coinbase 在那斯達克交易所上市，成為加密貨幣產業在美國首家上市的公司。

2021 年 5 月 19 號：中國人民銀行（PBOC）宣布禁止境內金融機構提供加密貨幣相關交易服務，比特幣 24 小時內暴跌 13%，市值一度蒸發 2800 億美元。

2021 年 6 月 9 號：比特幣首度成為一個國家的法定貨幣。位在中美洲的薩爾瓦多（El Salvador）國會通過「比特幣法案」，這代表之後比特幣將和當地的法定貨幣美元一樣，可以作為商品定價，並用來支付政府的稅收。

2021 年 10 月 19 日：史上首檔比特幣策略 ETF 正式於紐交所的 NYSE Arca 上市（代碼 BITO），這個好消息也帶動比特幣當日大漲接近 4%，並於 20 日突破 4 月份幣價高點，將歷史高點推高至 6.7 萬美元。此時，還有數十檔比特幣的 ETF 等待核准上市。

1-5
「虛擬」貨幣的價值來源

　　比特幣自問世之初，就常被視為純投機炒作、沒有實際內在價值的標的。持如此觀點者也不乏知名基金經理人與經濟學家。究竟虛擬貨幣到底有沒有真實價值？它真的只是一場集體炒作嗎？

為何比特幣是「數位黃金」？

　　要定義比特幣的價值，最簡單的方式就是拿它和目前已經存在的可交易財貨比較。比特幣沒有政府的背書，因此法幣不是類比對象；它沒有公司能創造產值與營收，因此股票也不是類比對象；它更不是債券、房產或其他具有生產力的動產。

那麼是不是現實世界真的沒有可以跟虛擬貨幣類比的資產了？

　　有的，就是黃金。黃金（與其他貴金屬）本身雖在工業、珠寶業有應用需求，實際上的市場價格卻不僅僅反映了該價值。這是因為黃金擁有另外一個更重要的功能——價值儲藏。當股市慘淡、市場衰退時，我們會發現金價上漲，就是這個道理。當人們擔心自己辛苦賺到的錢投資到具有生產力的市場反而可能賠掉，那還不如買進可以「保值」的貴金屬。這個保值的作用，就是黃金一盎司能賣到 1800 美元的原因。

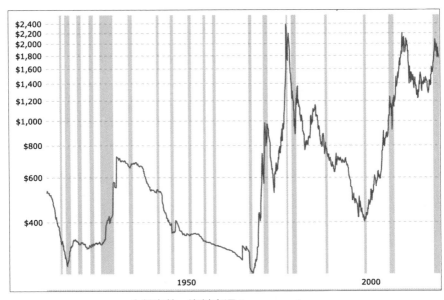

金價走勢。資料來源：macrotrends.net

黃金在歷史上總是扮演著價值儲藏工具，主要是因為它同時具備：1. 稀缺性；2. 不易衰敗；3. 沒人有發行權（去中心化）；4. 多數人認可。這四大屬性，讓黃金成為歷久不衰的價值儲藏工具。即使你對黃金項鍊沒有興趣，恐怕也不會排斥在阿嬤床底下發現金條吧！

比特幣特性與黃金相同

巧的是，比特幣正好符合這些屬性。首先，黃金只能從地球上挖掘，且越挖越少，挖完就沒了。比特幣只能從礦工打包區塊來生產，且每四年減半一次，越挖越少，西元 2140 年挖完就沒了。再來，黃金是惰性金屬，放一千年也不會衰敗；比特幣是存在於區塊鏈上的一串數字代碼，虛擬資產的性質使其更不可能衰敗；最後，黃金難以透過化學實驗自行生產，這使其不可能為個人或企業大量生產而貶值；而比特幣更是如此，即使有人設計其他加密貨幣，也不可能印出「假鈔比特幣」來圖利自己。當代投資性商品中，僅有的符合這些屬性的比特幣，也就被人們稱為數位黃金了。

比特幣是由人類發明，卻實現了上帝創造的黃金這般去

中心化特性，因此有了「黃金是上帝的錢，比特幣是人民的錢」一說。這也帶我們來到第四點，即「多數人的認可」。黃金之所以毫無疑問的具有避險資產地位，一大原因當歸功於其悠久的歷史。千年來，無論是宗教、藝術或裝飾需求，人類已經習慣將黃金視為貴重金屬，並進一步視作價值儲藏工具。黃金派的支持者表示，除非比特幣能歷時千年不消亡，否則黃金的地位不會輕易被比特幣撼動。不過，這種說法似乎在過去十年來不斷的被「挑戰」。就像網路、科技業在過去十年的急速發展，比特幣也從乏人問津迅速發展成最膾炙人口的投資標的。如果說比特幣是越多人認同，越能體現其價值，那麼在這個華爾街、矽谷巨頭逐漸採用、整合區塊鏈技術的今天，是否意味著它正在以最快的速度追趕黃金避險資產的地位？

最後，附上一段網路瘋傳的對於比特幣使用族群的描述：「2010 年，沒人在用比特幣。2011 年，只有電腦宅男在用。2013 年，只有毒販在用。2014 年，只有洗錢的人在用。2017 年，只有賭徒會用。2019 年，只有一小部分的人在用。2020 年，只有小公司在用。2021 年，只有小國家會用比特幣。」看完了以上這段描述，讀者諸君是否也跟我一樣，對於比特幣的未來使用有更多的想像呢？

區塊鏈和加密貨幣產業興起

比特幣問世於 2009 年，這也是區塊鏈首度出現在世人面前。然而，比特幣的區塊鏈僅僅是一種分散式儲存的帳本技術，還不能被廣泛應用到各種領域。在 2015 年以太坊區塊鏈（Ethereum）出現後，加密貨幣產業才真正開始蓬勃發展。

以太坊打破以往區塊鏈只是用來記帳的技術，開創了可編程區塊鏈的先河。簡單來說，比特幣的區塊鏈如果是一個無須許可、人人可紀錄的記帳系統；以太坊區塊鏈就是一個無須許可、人人可佈署 App 的作業系統（區塊鏈上的 App 稱為 Dapp，去中心化應用程式）。由於以太坊也和比特幣程式碼一樣是完全開源（Open source），後世紛紛效法以太坊區塊鏈的構築、也有許多人直接選擇在以太坊鏈上建造 DAPP。此後，各式區塊鏈應用遍地開花，區塊鏈 2.0 時代正式到來。紀錄資訊的帳本不再是區塊鏈唯一功能，而比特幣的去中心化理念將持續傳承。

值得一提的是，目前包括以太幣在內的多數加密貨幣，其定位與比特幣大不相同。比特幣仍然是以貨幣屬性為主，而以太幣等則具有各自的應用價值。這類型的加密貨幣被稱為「功能型代幣」（Utility Token），透過其功能性獲取價值。

華爾街的態度轉變，「如果無法擊敗，那就加入它」

　　幣圈有句話是這麼說的：「銀行為華爾街服務，加密貨幣為所有人服務」（The banks serve Wall Street, crypto serves all streets.）。比特幣本是為了提供人們一個更好的貨幣，去中心化的系統讓人們可以不再依賴中化金融機構管理我們的財產，讓人們不再需要將財產和個資暴露給銀行，也不必再支付高昂的手續費與託管費。這樣的資產，銀行和華爾街當然第一個跳出來反對。也因此，從比特幣問世至今，傳統金融界總是不乏反對聲浪。

　　然而，隨著時間過去，比特幣幣價雖然時有波動，長期逐漸上漲卻是不爭的事實，再加上各種區塊鏈項目的發展與落地應用，許多資產管理公司一改先前態度，從比特幣是一場騙局，到比特幣是一種分散風險的投資標的；從比特幣終究會歸零，到建議投資人分配 5% 比特幣投資部位。到現在，光是美國就有六、七家機構提出了比特幣 ETF 的申請等待證監會（SEC）審核。就像前面提到的，現金、黃金這類不會創造現金流的資產，只能透過人們對它的認可獲取價值。同意比特幣有價值的人越多，比特幣就越有價值。

1-6
比特幣的未來展望與價格分析

比特幣看漲的理由

　　一樣米養百種人，幣圈投資人中有人偏好頻繁交易的短線投資，也有人喜歡買了就放著不管的長期策略；有人對於小市值的幣更加看好，認為這才是尚未開發的璞玉，也有人認為最終還是只能相信比特幣，其他的都是「山寨幣」。整體而言，「長期看好比特幣」似乎是所有幣圈人的共識。那麼，就讓我們來看看比特幣有哪些潛在的長期利多因素。

　　1. **機構資金進場**：跟其他投資標的相比，目前比特幣市場相對更多散戶的資金。高不確定性與相關法規尚未成熟都是

機構資金裹足不前的因素，但這些問題正在逐步得到解決。在方舟（ARK）、富達（Fedelity）、貝萊德（Blackrock）等資本雄厚的機構資金進場後，比特幣的總市值、以及非炒短投機資金的比例上升，可望使市場波動變小；美國證監會日前已經通過了合法合規的比特幣期貨 ETF，很可能在 2022 年之前也完成比特幣現貨 ETF 的審核，使各家早已表態對比特幣感興趣的資產管理公司能更容易的布局比特幣。機構資金的進場不但會讓比特幣躍入主流投資標的，大量的需求也會抬高幣價。

2. **供給持續減少**：比特幣的發行規則是固定的，不但有著每四年減半的產出，它不可回逆的性質，包括遺失的錢包、不小心打錯地址的轉帳都會讓比特幣總量憑空減少。此外，現在有許多「跨鏈」項目都會將比特幣鎖定作為發行抵押品，從而在其他區塊鏈上發行類比特幣資產。抵押品會鎖定住無法賣到市場上，而這都會使比特幣的供給量逐漸下降。根據經濟學原理，供給減少，幣價自然能隨之提升。

3. **企業的應用**：比特幣支付、應用相關的服務逐年增加。全球前幾大科技巨頭如蘋果、臉書、谷歌、推特、特斯拉、亞

馬遜都在 2021 年對加密貨幣和區塊鏈產業表示濃厚的興趣。無論是公開招募區塊鏈人才、直接投資比特幣、甚至是試圖整合比特幣服務，這些科技巨頭的引進不但會使比特幣的功能性提升，也會帶動需求與大眾的認同。

4. 法規的完善：早在 2018 年 6 月，美國證監會 SEC 就宣布比特幣是合法的數位資產。然而，美國金融監管高層一直以來對比特幣都沒有好臉色，直到最近一年才有所進展。拜登 (Joe Biden) 總統上任後任命的第一位證監會主席蓋瑞（Gary Gensler）本身就是區塊鏈產業專家，曾在哈佛大學開課講授區塊鏈與比特幣相關知識。他的上任讓許多人認為這是美國準備立法「管理」比特幣投資與交易領域。從放任、警示到積極管理，這是比特幣市場從非主流走向主流的必經之路。

5. 技術的穩定：如果有人在 2010 年就鼓吹親友投資比特幣，那他大概是瘋了。因為比特幣與區塊鏈技術在當時還是全新的科技，別說有沒有應用了，安不安全都是個疑慮。唯有經過時間與大量使用過後的壓力測驗，它的風險才會是一般人所能承受的。而比特幣至今已經超過十二年、全球節點數破

萬、各種區塊鏈相關技術也持續進展，這些都讓比特幣愛好者擁有足夠、且是越來越高的信心。根據「林迪效應」（Lindy Effect），一項科技能持續多久，就跟其已經持續了多久成正比。換句話說，比特幣只要多存在一年，就是它能繼續存在更久的最好證明。

6. **年輕人的愛好**：多數投資比特幣、加密貨幣的都是年輕人。他們賺了錢，且希望比特幣持續成長。這些人會在未來進入更高的職位，無論他們做的事情與比特幣市場是否直接相關，他們對社會、政治、金融的影響力會持續擴大。換句話說，支持比特幣的那群人將越來越重要。如果說現在對全球經濟影響力最大的族群是四十到五十歲的世代，那麼二十年後，當家的就是現在二十到三十歲的世代，也就是最支持加密貨幣的那群人了。巴菲特（Warren Buffett）是第一個靠投資股票登頂世界首富的人，也許二十年內，我們可以看到靠投資加密貨幣角逐這個頭銜的人。

7. **區塊鏈的興起**。區塊鏈技術的發展與比特幣本身雖然不必有關，但比特幣仍是產業內當之無愧的大哥。隨著

DeFi、NFT 等應用深入日常生活，比特幣市場隨之受益也是可以預期的。

8. 股市的動盪。隨著美股持續創新高，不少人認為大幅度的回調即將到來。當股市走低時，黃金通常會有走高的表現。這是因為黃金被許多人視為避險資產的緣故。而比特幣作為許多人眼中的「數位黃金」，在歷史上與美股的走勢相關性極低，在股市表現低迷的時候，或可能成為比特幣異軍突起的時候。

9. 國家的支持。2021 年 6 月，中南美洲國家薩爾瓦多國會正式通過了將比特幣列為法幣，這表示該國人民可以用比特幣來繳稅和進行日常消費。比特幣出現的目的，本來也不是要讓人們炒作賺錢，而是提供世人一種更安全、更自主的優質貨幣選擇。大部分的國家不願意交出鑄幣權，讓這一理想至今在多數地區尚無法實現。然而，對於某些本來貨幣政策就不理想的國家就不是這麼一回事了。除了已經開出第一槍的薩爾瓦多，包括阿根廷、巴拉圭等國家

影片「為什麼比特幣要漲了」

都表示未來可能跟上比特幣法幣的路途，使其貨幣功能真正體現。

比特幣看跌理由

有漲就會有跌，儘管我們對幣圈長期看好，卻不代表它完全沒有缺陷或隱憂。本節就來聊聊「不看好者」（Bitcoin Bears）的論點。

1. **政策打擊**。中國歷年已多次表態比特幣難以控制與巨大的波動性對於國家發展與國民投資有不好的影響，在 2021 年六月中迅速關掉境內數座比特幣礦場、也限制加密貨幣交易所的服務範圍。作為高度中心化管理的政體，中國官方希望禁止比特幣是很有可能的。中國資金一直以來對比特幣投資都有很大的影響力，這勢必對比特幣市場造成不小的動盪，也有可能進一步影響親中國家對比特幣政策的判斷。

2. **監管質疑**。毫無疑問，去中心化的特質是比特幣最初與最終的目標。然而目前而全世界政府、機構的干涉都使其使

用上與本質脫鉤的。別誤會，比特幣的幾項特質不會因為監管的干預而改變，改變的是多數人在使用、儲存、移轉比特幣時，會從理想上的「自己就能管理」，變成「還是交給金融機構托管」。舉例而言，即使你持有的是背後有真實比特幣的 ETF，也是一種變相的交給機構托管你的資金。監管落實與華爾街的整合是把雙面刃，如果未來超過一半（或更多）的比特幣都是由中心化機構替用戶托管，那麼比特幣還是比特幣嗎？比特幣還能保有最初被賦予的價值嗎？

3. **泡沫化**。比特幣不像能創造現金流的公司，能夠有各種折現的方式去推算出最低估值。因此，即便我們知道比特幣「應該很有價值」，但誰都難以定義「它就該值多少錢」。它有可能有價值，但沒到一顆幾萬美元這麼高？它可能在未來會持續上漲，但短期內像是泡沫？諸如此類的心理活動都可能是讓比特幣大幅下跌的因素，且可以預期這些效應會持續的存在。

4. **51 攻擊**。比特幣系統雖說不害怕單點駭客攻擊，但相對的，它的弱點就是被人掌握一半以上的節點。我們可以將比特幣協議想成「多數決」的概念。只要大部分礦工都與比特幣

系統利益一致，他們就會做善良的事情、正確地打包區塊，讓系統可以順利運作。然而，如果有人掌握了全球超過一半以上節點的算力（或者說 51% 以上的算力），一定程度上他就能操縱區塊鏈的紀錄，並且圖利自己。這被稱作「51 攻擊」。51 攻擊是任何一條區塊鏈最大的噩夢，不但對幣價會是打擊，甚至對未來區塊鏈的安全性都會蒙上陰影。但對於比特幣來說這不用太擔心，因為歷史上至今未曾出現過任何一次比特幣的 51 攻擊，而結點分散程度也是所有區塊鏈之最。

5. **其他不確定因素**。比特幣至今問世僅十二年，要說已經經歷了大量應用的壓力測試，似乎不是那麼令人信服。任何一個新興科技都可能會有漏洞，尤其是即將走入主流的時期，不法分子與大量進入的用戶都可能暴露其原先沒有人注意的漏洞。因此，無論你多麼看好比特幣市場，全押都不是最理性的判斷。

預測 BTC 價格的 S2F 模型

雖然影響比特幣價格的因素很多，但讀者一定很想知道

有沒有預測幣價的方法？其實有的，在此提供讀者一個非常有名的參考方法，那就是 S2F 模型。提出 S2F 模型（Stock-to-Flow model）的比特幣分析師 Plan B（推特帳號：@100trillionUSD）表示，比特幣在 2021 年底「至少」將漲到 13.5 萬美元。根據他的幣價模型，他已經成功預測八月份幣價 47,000 美元與九月幣價 43,000 美元。而十月份比特幣將收高過 63,000、十一月收高過 98,000 美元，年底將收高過 135,000 美元。S2F 模型是根據一個資產的存量與產出速度對比，進而分析該資產的市值的模型。此模型長期以來預測的比特幣價格與實際幣價走勢相當貼合。

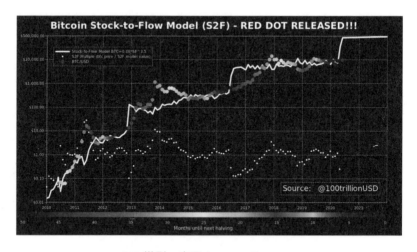

S2F 模型。來源：@100trillionUSD

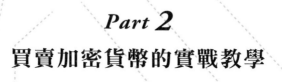

Part 2
買賣加密貨幣的實戰教學

買進第一顆屬於自己的加密貨幣，學習所有新手
幣圈投資人必須了解的知識

2-1
比特幣交易流程介紹

　　看了前一章對比特幣的願景與未來，是不是對這個神秘的投資市場蠢蠢欲動了呢？這一章就讓我們從買進第一顆屬於自己的加密貨幣為目標，學習所有新手幣圈投資人必須了解的知識吧！

　　在比特幣市場尚未蓬勃發展之前，一般人要獲得比特幣只有兩種方法：直接去挖礦，或是找到願意轉移比特幣給你的人進行「場外交易」（OTC, Over the counter）。

　　使用者可以在比特幣網站 bitcoin.org 生成你的比特幣錢包，也有其他錢包商免費提供生成錢包的服務。如果你想用挖礦的方式獲得比特幣，只要在挖礦軟體中填入你的「地址」，挖到的比特幣就會匯進你的錢包裡；如果你進行場外交易，則

直接將「地址」貼給對方，他就能將比特幣轉給你。這個過程不需要任何分行代碼、國碼、身分認證等資訊。這就是比特幣作為一種點對點的電子貨幣，最為去中心化的模式。然而，如果你要用法幣跟陌生人作比特幣交易，就還需要其他可以信賴的轉帳平台或當面交易，比較不方便。因此，現在除非大額交易或有特別原因，一般人買比特幣不會特別透過OTC的方式。

中心化比特幣交易所的特點

時至今日，隨著加密貨幣產業發展，現在投資比特幣已經簡單很多，甚至比買股票還容易了。這個段落我們就來看看關於加密貨幣交易所有哪些該知道的事情。

2010年7月，史上第一間支援美元與比特幣兌換的交易所Mt. Gox（2010到2014）出現。用戶可以將美元打進Mt.Gox帳戶，無須另外創建錢包便可買賣比特幣。Mt. Gox的系統會記錄用戶帳戶中有多少比特幣餘額，並統一管理用戶的比特幣。這種模式被稱為「託管式」的平台，雖然一定程度上犧牲去中心化，但對投資者而言很方便，後來的加密貨幣交易所（簡稱交易所）多模仿這種模式，進入了中心化加密貨幣交

易所的時代。幣安（Binance）、Coinbase、FTX 都是目前國際上主流的幾間交易所。加密貨幣的新手對於交易所常常會有許多疑問，以下是我整理的一些常被問到的概念問題：

Q1：該選擇台幣交易所還是國際交易所？

大部分台灣幣圈投資人都有至少兩個交易所帳號。一個是能連結台灣的銀行帳戶，直接台幣入金買幣的台幣交易所帳號如 Max 或 BitoPro（幣託），另一個則是功能與交易深度更完善的國際級大交易所帳號，如幣安或 FTX 等。因為這些大型交易所無法支援台幣與加密貨幣的交易，許多人會先在台幣交易所買進與美元等值的加密貨幣 USDT，再轉到大型交易所帳戶進行交易。

Q2：什麼是訂單簿式搓合交易？

大多數加密貨幣交易所就像提供買賣股票的證券交易所一樣，有眾多不同的「幣」可供買賣。交易所擔任平台，透過在訂單簿上「掛單」（Maker）與「吃單」（Taker），買賣雙方可以在平台上搓合交易。在此種交易之下，交易所賺取的是交易手續費，一般約在 0.05% 到 0.2% 之間。通常各交易所都

會推出自己的平台幣（如幣安的 BNB），讀者也可以先購買平台幣使用來獲得手續費折扣（參考本書 100 頁）。

Q3：什麼是加密貨幣的託管？

　　當用戶註冊交易所帳戶時，我們會設定自己的帳號和密碼。帳戶內會提供幾個「地址」（Address）供你使用（因為不同區塊鏈會需要不同「地址」）。當用戶需要轉進加密貨幣時，可以透過轉入這些地址來入金；當用戶需要轉出加密貨幣時，則在帳戶中直接操作，填上外部地址即可。值得注意的是，我們不會拿到這些地址真正的「私鑰」（參考第一章），因此，這些資金其實是託付給交易所協助管理。一個完整的錢包可以對接區塊鏈上的其它應用，但交易所帳號則無法，就是因為你沒有私鑰的緣故。這是交易所帳戶與錢包最大的區別之一，前者交易更方便，後者在管理資金上保有更大自主權。

Q4：什麼是「交易對」？

　　「交易對」是加密貨幣交易所與證券交易所最大的差別之一。當我們買股票時，只會看到一個數字，沒有交易對的概念。因為不用說明，我們就知道這是台幣計價。但加密貨幣是

個無國界的投資標的，如果顯示一顆比特幣五萬塊……那到底是五萬美元、歐元、還是台幣？為了標示清楚，每個幣的交易對就必須個別呈現，這讓不少新手吃盡苦頭：我只是想買個 BTC，交易介面怎麼顯示 BTC/USDT、BTC/BUSD、還有 ETH/BTC……到底怎麼買？

名稱 ⇅	價格 ⇅	24h 漲跌 ⇅
★ BNB/USDT	433.9 / $433.90	+1.95%
★ BTC/USDT	51,356.36 / $51,356.36	+4.52%
★ ETH/USDT	3,475.11 / $3,475.11	+3.14%
★ XRP/USDT	1.0617 / $1.06	+2.01%

幣安的交易對，新手只需關注 USDT 對其他幣種即可

　　不用擔心，**新手只要記得一招就好：無論你想買什麼幣，就去找那種幣 /USDT 就可以了**。斜線後方是「貨幣本位」就像告訴你說比特幣用美元算一顆多少錢，用台幣算一顆多少錢

那樣。斜線前方就是「你正在買賣的東西」啦！例如我想投資BTC、ETH、DOGE，我就去找BTC/USDT、ETH/USDT、還有DOGE/USDT即可。USDT是交易所內最常見的單位本位，幣價與地位等同於美元（更多「穩定幣」的介紹，可以參考本書174頁）。最常見的就是BTC/USDT，這個交易對也顯示了比特幣現在一顆值多少美元。

Q5：什麼是KYC？

台灣與多數國家的政府，都要求加密貨幣交所必須為用戶完成KYC，也就是「身分認證」（Know Your Customer）。這是各國法律所規範的，目的是為了避免洗錢等不法用途。在註冊交易所帳號時，交易所會要求用戶提供身分證正反面等個人資料，除了身分證、護照等等資料之外，也常見包含地址的水電費帳單或是拿著證件照片拍大頭照之類的。如果對於將個資交給加密貨幣交易所不放心，可以在上傳證件的照片之前，打上「僅供XXX註冊用」的浮水印。

Q6：什麼是「即時交割」？

加密貨幣的交易不像傳統股市有所謂T+2的制度。加密

貨幣的交易都是當下直接完成，這也代表我們必須先「入金」
（預先將錢轉到你的加密貨幣交易所提供的個人帳戶中），才
能去交易買到你要的幣。補充：所謂的 T+2 制度，是指買進
股票時，要在成交日（T 日）後的第二個交易日（T+2 日）的
早上九點前，把足夠的現金匯入銀行的交割帳戶，如果帳戶錢
不夠的話，就會造成違約交割。

Q7：購買加密貨幣會遇到政府課稅問題嗎？

　　現階段，加密貨幣的交易還沒有明確的課稅法規。至少，
當你的資產還是以加密貨幣型態存放時，台灣政府就還不會要
求你繳投資所得稅。但是，相關法規目前正在制定中。

Q8：聽說各國的不同交易所會有報價差異？

　　由於比特幣可以在世界各國的任意交易所進行買賣，但
沒有人有權利定義當下的價格，這讓不同交易所的比特幣價格
可能存在價差。這個問題在過去比較嚴重，但現在只要主流的
交易所深度都相當足夠，市場機制趨於完善，價差問題已經很
不明顯。

Q9：什麼是「去中心化交易所」（DEX）？

在以太坊與其他區塊鏈上，透過智能合約，現在已經有許多無須許可的去中心化加密貨幣交易所（Decentralized Exchange, DEX）可以讓任何人使用了。只要支付一點鏈上手續費給礦工，再加上各個平台的交易手續費，每個人都可以在無需提交任何個資，也不必花時間尋找可信賴的交易對象的環境下，就在區塊鏈上完成加密貨幣的買進與賣出。這個模式比較適合已經熟練區塊鏈錢包操作的朋友，對新手而言，還是中心化的交易所容易一些。

#▲	名稱	交易量（24小時）	% 市佔率	市場數量	類型	上市日期
1	dYdX	$2,787,664,835 ▲ 22.31%	29.6692%	13	Orderbook	Apr 2019
2	Uniswap (V3)	$1,319,899,987 ▼ 1.68%	14.0477%	637	Swap	May 2021
3	PancakeSwap (V2)	$1,242,852,427 ▲ 40.54%	13.2277%	1706	Swap	--
4	Sushiswap	$500,043,186 ▲ 5.67%	5.322%	390	Swap	Sep 2020
5	1inch Liquidity Protocol	$482,938,081 ▲ 2.12%	5.1399%	26	--	--

2021 年 10 月時排名前五的 DEX。 來源：CoinMarketCap

2-2
主流交易所介紹

在投資加密貨幣之前，最重要的不是找到會漲的幣，而是使用可以信賴的平台。筆者聽過許多因為誤信網友推薦而註冊了詐騙交易所，最後血本無歸的案例。對新手而言，挑選交易所最簡單的方式就是從公正的第三方資訊站提供的數據判斷最容易。本章節資訊來自兩大幣圈主流資訊平台 CoinGecko 與 CoinMarketCap。如果讀者們將來在網路上得知其他平台，也可以到這兩個資訊站查找相關資訊。

通常台灣的幣圈投資者至少會選擇一間國際型的交易所（進階功能和玩法較多，例如幣安、FTX 和派網）和一間台灣本土交易所，方便連結台灣的銀行帳戶和用台幣出入金，例如本篇最後提到的三間交易所，分別是 BitoPro、Max 和 Ace。

1. 幣安 Binance

www.binance.com

代幣：BNB（可抵手續費）。性質：全球主流交易所。特色：現貨交易、衍生品交易、法幣入金、放貸收益、IEO（新幣發行）。

2017 年成立於香港，幣安是目前全球交易量最大的加密貨幣交易所。創辦人趙長鵬 CZ 是加拿大籍華人，曾擔任 Blockchain.info 會員與 OKCoin 的首席技術長，在幣圈社群中極具地位。幣安提供的服務包山包海，除了基本的現貨交易、槓桿交易、衍生性商品交易；也有量化投資、挖礦、流動性挖礦等賺收益玩法；還提供信用卡入金、C2C 入金等用法幣直接買加密貨幣的服務。可以說是加密貨幣各種玩法集大成的平台。

作為全球中心化交易所龍頭，幣安上可交易的幣種超過三百多種，且都經過嚴謹審核，一般的小幣無法輕易上架。因此，許多項目甚至會將自己的幣「上架幣安」視為一大里程碑。確實，宣布要上架幣安的加密貨幣，短期內往往能出現一波漲幅。本書 92 頁，有更多關於幣安的詳細操作。

2. Coinbase

www.coinbase.com

股票代號：COIN（那斯達克）。性質：美國主流交易所（台灣未開放交易）。特色：現貨交易。

2012 年成立於美國，Coinbase 是歷史最悠久的交易所之一。2021 年四月，Coinbase 在那斯達克敲鐘上市，成為史上第一間成功在美國上市的加密貨幣交易所。Coinbase 創辦人布萊恩‧阿姆斯壯（Brian Armstrong）是幣圈指標性人物，也是托管式加密貨幣平台早期開拓者。

作為全球歷史最悠久的加密貨幣交易所，Coinbase 上可交易幣種約只有九十種，比幣安更嚴格的審核，也讓「初上架 Coinbase」的幣成為眾人搶買的標的。此外，Coinbase 主要提供現貨交易，在衍生品市場上的服務較少。

另外，除了原本頁面簡潔，功能單純，適合初學者的 www.coinbase.com，pro.coinbase.com 則提供了進階的交易者更多專業的投資選項。

3. FTX

ftx.com

代幣：FTT。性質：全球主流交易所。特色：衍生品交易、IEO（新幣發行）

FTX 成立於 2019 年，是近兩年躍升速度最快的加密貨幣交易所。FTX 創辦人山姆‧班克曼 - 弗里德（Sam Bankman-Fried）是華爾街知名基金 Jane Street 出身，且同時是加密量化交易公司 Alameda Research 的創辦人，年紀輕輕就成為幣圈最有影響力的人物之一。他與他的團隊在量化交易、產品開發的強大實力奠定了 FTX 迅速包攬加密貨幣衍生品交易市場的基礎。

FTX 與多數主流交易所不同處在於，他們主要提供的不是現貨交易而是衍生品交易，也就是幣圈社群常說的「合約交易」。（請見本書 193 頁）如果單看合約交易量，FTX 目前已經是僅次於幣安的第二大交易所，發展之迅速可見一斑。

4. Crypto.com

crypto.com/exchange

代幣：CRO。性質：全球主流交易所。特色：加密貨幣金融卡、放貸收益、法幣入金

2016 年成立於香港，Crypto.com（前身 Monaco）是一家同時專注於加密支付與交易的加密貨幣平台。儘管多數人更熟悉的是它們的加密貨幣金融卡，Crypto.com 的交易額也在眾多交易所中名列前茅。CEO 暨共同創辦人為克里斯・卡薩勒克（Kris Marszalek）是知名創業家，2016 年後全力投入加密貨幣產業。

Crypto.com 的交易功能屬於兌幣所性質，不是由平台搓合買賣雙方，而是用戶直接向平台開的報價買進或賣出加密貨幣。這種設計在視覺上比較簡單，但其交易功能由於價格比不上其他主流交易所，通常還是以鎖倉賺幣與消費返利的金融卡為特色。

Crypto.com 的 Visa
金融卡影片

5. Kraken

kraken.com

代幣：無。性質：全球主流交易所。特色：現貨交易、監管核可。

2011 年成立於美國，Kraken 是目前歐元區交易量最大的加密貨幣交易所。儘管在台灣幣圈社群聲量較小，Kraken 在國際上有不亞於 Coinbase 的重要性。2020 年九月，Kraken 取得了美國首張 SPDI 牌照，這張牌照的意義是讓 Kraken 在法律上有等同於美國銀行的金融機構地位。

此外，執行長大衛‧基尼斯基（David Kinitsky）也透漏 Kraken 將在一年到一年半間追上 Coinbase 的腳步掛牌上市，可望在 2022 年成為第二家上市的美國交易所。

~

6. Bitfinex

www.bitfinex.com

代幣：LEO。性質：全球主流交易所。特色：放貸服務、槓桿交易

2014 年成立於英屬維京群島，Bitfinex 最廣為人知的服務也不是交易平台，而是放貸服務。用戶可以在平台上成為借方賺取槓桿報酬，也可以作為貸方放款收息。值得一提的是，Bitfinex 創辦人方雋哲還是個台灣女婿，也曾在台灣設有辦公室。

發行全球流通性最高的美元穩定幣 USDT 的 Tether 公司，正好是 Bitfinex 母公司 iFinex 旗下的公司。兩者關係密不可分。過去 USDT 陷入洗錢與其他監管麻煩時，Bitfinex 往往也會受到牽連（目前並未發生什麼問題）。

7. Gate.io

gate.io

代幣：GT。性質：全球主流交易所。特色：新幣／小市值加密貨幣現貨交易

2013 成立的 Gate.io（前身為比特兒）是中國最早的交易所之一。由於當時比特幣的交易主要被 Mt.Gox（已終止服務）等壟斷，創辦人韓林打從一開始就將交易所路線定位在為小幣服務的交易所。至今，Gate.io 積極上架山寨小幣的性質，使平台上找得到超過 800 種不同加密貨幣可以交易，是投資人買賣小市值加密貨幣的常用平台。

8. 火幣 Houbi

www.huobi.com

代幣：HT。性質：全球主流交易所。特色：現貨交易、衍生品交易、放貸收益、IEO（新幣發行）

2013 年成立於中國，火幣 Houbi Global 是中國用戶數量最多的加密貨幣交易所之一。火幣創辦人李昂從 2017 年開始拓展國際市場，目前支援 300 餘種加密貨幣的交易，不乏幣安找不到的小幣。2021 年的單日交易量曾達 139 億美元，僅次於幣安，排名世界第二。火幣也屬於包山包海的類型，現貨、衍生性商品、挖礦等轉收益玩法，以及 IEO 等都可以在平台中找到。

9. 派網 （Pionex）

www.pionex.com

代幣：無。性質：全球量化交易所。特色：量化交易

2019 年成立於新加坡，派網（Pionex）是一個由加密貨幣
服務商幣優（BitUniverse）孵化的交易所。幣優創辦人陳勇同
時也是金山軟件總裁，投資人包括小米執行長雷軍。派網近期
在台灣討論度極高，其中一個原因是他們主打的量化交易是其
他交易所比較少見的。常聽見的「網格交易」、「期現套利」
等由機器人代為操作的策略就是他們主打的服務。

10. MAX（台幣交易所）

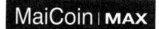

max.maicoin.com

代幣：MAX。性質：台幣交易所。特色：台幣入金、實
體店面

2018 年成立的 MAX 交易所是台灣人愛用的加密貨幣交
易所之一。創辦人劉世偉同時也是台灣老牌數位貨幣服務商
Maicoin 集團創辦人，MAX 是目前支持台幣入金的主要交易所

之一。MAX 提供 19 種加密貨幣交易對，且有與遠東銀行合作的新台幣信託，為消費者資金安全把關。此外，MAX 也是台灣第一間開實體門市的加密貨幣交易所，地點位於台北市中正區。

11. BitoPro（台幣交易所）

www.bitopro.com

代幣：BITO。性質：台幣交易所。特色：台幣入金、債權認購

2018 年成立的「幣託」（BitoPro）是台灣人最常用的加密貨幣交易所之一。創辦人鄭光泰也是台灣老牌比特幣錢包與買賣平台 BitoEx 創辦人。BitoPro 是支持台幣入金的主要交易所之一，平台中提供 30 種加密貨幣交易對，並且推出債權認購平台提供用戶簡易被動收益來源。此外，BitoEx 與全家便利商店合作，一般民眾可以在全家直接購買加密貨幣，非常有趣。

#12 ACE（台幣交易所）

ace.io

代幣：ACEX。性質：台幣交易所。特色：台幣入金、低手續費

同樣成立於 2018 年，ACE 交易所是與 MAX、BitoPro 齊名的三大台幣交易所之一。創辦人潘奕彰曾任職 KPMG 新創企業服務團隊營運長，在交易安全的規格上與凱基銀行合作，而 ACE 更是台灣唯一受到政府核准產業補助的交易所。此外，ACE 也與台灣職籃新竹街口工程獅合作推出亞洲第一款 NFT 職業球員卡，讓熱愛籃球的幣友也能買到喜歡球星的 NFT 卡。

2-3
幣託交易所教學（台幣出入金）

　　儘管世界最大的加密交易所幣安有提供台幣入金的功能，但是信用卡入金有信用卡公司的手續費問題，而 C2C 入金雖沒有手續費，但有匯差疑慮。因此，多數台灣幣友至少都有一個台幣交易所用來完成台幣的入金、出金，將台幣換成加密貨幣後再轉到幣安等大型交易所做不同投資。

　　台灣比較主流的加密貨幣交易所有六到七間，其中規模最大之一就是「幣託」（BitoPro）了。BitoPro 在用戶人數、出入金速度與手續費優惠、以及幣種與服務項目都名列前茅，本章節就來介紹 BitoPro 的操作與註冊須知。

認識幣託交易所

　　BitoPro 交易所成立於 2018 年，是台灣老牌比特幣錢包與買賣平台 BitoEx 孵化的交易所項目。BitoEx 與 BitoPro 主要都是提供用戶直接用台幣購買加密貨幣的平台，主要的差異在於 BitoEx 是幣商型態的交易所，用戶是直接與官方交易虛擬貨幣；而 BitoPro 則是類似證交所的搓合型交易所，用戶在平台上與其他想要買賣加密貨幣的用戶進行交易。一般認為 BitoPro 上買賣的價格比 BitoEx 好，而筆者也是使用 BitoPro 的平台，因此本章只針對 BitoPro 的服務作介紹。

　　比起幣安等國際主流交易所主要專注在交易與功能的全面性，BitoPro 主打讓台灣人能更容易的投資比特幣的服務。因此，即使站內只有數十種主流加密貨幣的交易對，幣託的一個最大特色就是與全家、萊爾富等大型超商合作。包括直接在超商掃碼 APP 結帳就能買比特幣，以及全家點數直接轉換成幣託錢包的比特幣、以太幣等服務，只要手上持有幣託帳戶與 APP，投資比特幣可以像逛超商的日常消費一樣簡單。大大降低了新手小白的投資門檻。

註冊幣託帳號

Step 1 下載 BitoPro 的 APP（或用網頁版）

　　和幣安相同，幣託也有推出專屬的手機板 APP。讀者可以按照自己習慣選擇網頁板（www.bitopro.com）或是手機版使用。

BitoPro 的手機 App

Step 2 信箱註冊＋手機驗證

　　BitoPro 的註冊要求用電子郵件。這裡的密碼要求要 8 個字元，大小寫英文與數字都需要。註冊時在「推薦人 ID」填上筆者的推薦碼「7088825094」，可以獲得前兩個月的交易手續費優惠（目前此優惠尚未上線）。

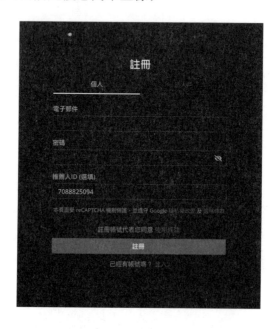

Step 3 Lv.2 身分認證＋銀行認證

　　為了因應法規要求與落實用戶交易安全，BitoPro 需要每一位用戶完成 Lv.2 的身分與銀行認證才能開始入金與交易。

這裡的驗證與幣安的身分認證沒有什麼不同，都是交易所的 KYC 步驟。填寫個人資料、上傳身分證正反面、以及手寫「申請 BitoPro」的紙與自己本人、身分證的合照（自己拍不好的話，建議找家人朋友幫忙拍）。

接著，就是進行台幣交易所獨有的銀行驗證。幣託 BitoPro 可以直

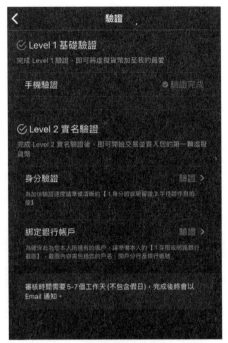

完成 Lv2 的實名驗證才能開始交易

接由從銀行匯款入金，但需要在這個步驟綁定唯一可以入金的銀行帳戶。這兩個步驟按照 APP 與網頁上的指示按部就班即可完成。等待審核的時間約五到七個工作天。

Step 4 設定 2FA

為了避免用戶帳戶被第三方惡意登入，設定「二次驗

證」（2FA）可以提高帳戶的安全性。可以從 BitoPro「首頁
→驗證→安全→ 2FA（雙重驗證）『Google Authenticator』」
找到。用戶需要在手機端的「Google 身份驗證器」（Google
Authenticator）的 APP 中，掃描畫面中的 QR Code 來完成 2FA
的綁定。

台幣入金和出金

　　幣託的台幣入金流程非常直覺。首頁的「錢包」選擇「加
值」，接著在幣別選擇台幣 TWD 就可以選擇匯款或超商加值
的方式轉台幣進幣託帳戶內。如果需要將台幣轉回你的銀行帳
戶，則可以選擇「提領」，在幣別一樣選擇 TWD，就能簡單
地將帳戶內的台幣轉至綁定的銀行帳戶了。

　　台幣入金後，就可以從交易所內部的「XXX/TWD」交易
對交易想投資的加密貨幣囉。當然，當你買到加密貨幣後，
就能透過「提領」選擇該幣別的加密貨幣至其他區塊鏈上平台
了。相關操作可以參見下一篇幣安 Binance 的文章。

如何節省交易手續費？

　　與多數加密貨幣交易所相同，幣託有發行自己的平台幣 BITO。在開始交易其他加密貨幣之前建議先買一點 BITO 幣，並且到「個人→進階設定→開啟『BITO 支付交易手續費』（20% 折扣）」，就能在之後的每一筆交易使用 BITO 幣來支付必要手續費，並且節省 20% 的費用！

　　如果你不是想投資 BITO 幣的漲跌，可以只預買足以支付手續費的 BITO 幣。此外，滿足足夠的 BITO 持倉量或是交易額夠高，也能額外減免更多手續費。

全球最大交易所幣安教學

在台幣交易所入金並買到加密貨幣之後，我們就能暢遊全球的加密貨幣交易所或區塊鏈平台了。雖然各國法幣的交易與轉帳規範不一，但區塊鏈卻是四海一家、規則一致。任何平台的加密貨幣轉帳都應該是自由、即時、且不需要額外抽取手續費的（僅需礦工費）。對於新手而言，最需要的就是一個安全可靠，服務與玩法又多元的主流交易所。本章節就來詳細介紹功能最齊全的全球交易所龍頭「幣安」（Binance）如何入門。

認識幣安

幣安交易所成立於 2017 年 7 月。起初公司註冊於香港，

後因中國監管關係將伺服器轉到日本。幣安創辦人趙長鵬是加拿大華人，曾任 Blickchain.info 技術總監與彭博社技術總監等職。他的推特帳號有超過 300 萬追蹤，在幣圈是舉足輕重的人物。從 2018 年開始，幣安便聲稱平台交易額已達世界第一水平，至今已是公認規模最大的中心化交易所。

2019 年 5 月，幣安曾發生重大資安事件，被駭客入侵損失了當時市價約四千多萬美元的七千多枚比特幣（約佔幣安儲存總量的 2%）。幣安隨即發表聲明，承諾會以自家的「用戶資產保障基金」承擔損失，所有用戶可以獲得全額賠償。這一舉動證明了幣安對用戶資產的保障充足，負責任且誠意十足。因為在加密貨幣十多年的歷史上，交易所被駭事件的結局通常都是交易所無法償還客戶資產，選擇了破產倒閉或纏訟多年，讓用戶蒙受巨大損失。例如 2014 年的 Mt.Gox 事件和 2019 年的幣寶事件。必須提醒讀者，把自己的資產交給交易所保管還是存在風險，如果短期沒有頻繁交易的需求，最安全的儲存還是不插電的「冷錢包」（見本書 190 頁）。

幣安的平台幣 BNB 同時也是主流公鏈「幣安智能鏈」（Binance Smart Chain, BSC）的原生加密貨幣。BNB 不只能在幣安交易所內作為新幣發行的抽籤、交易手續費折抵使用，還

盛載著整條 BSC 區塊鏈的運作，是功能性極強的功能型代幣。因此，BNB 市值一直都維持在前五位，位列交易所系列幣價與市值最高。

幣安的服務多元，團隊技術強大。舉凡加密貨幣市場新技術與玩法出現，幣安就會迅速跟進。從 2017 年最火紅的 ICO、到後來的合約交易、DeFi 流動性挖礦、以及近期的當紅炸子雞 NFT 平台，在幣安都有一站式的服務可供用戶使用。此外，幣安儘管不是其中一個台幣交易所，但也提供 C2C 模式的台幣入金、或是信用卡入金等直接用台幣買加密貨幣的方式。

註冊幣安帳號

多數加密貨幣交易所的註冊開戶都是免費的，幣安也不例外。幣安除了提供網頁版，還有 iOS、Android 與 Windows、MacOs 等電腦版 APP 可以下載（推薦使用 APP，好用很多）。本章就用手機版示範註冊。也可以參考筆者的 YouTube 影片搭配使用。

幣安開戶影片

Step 1：下載幣安 APP

至幣安官網（binance.com）
選擇您手機版本的 APP，小心
別載到假冒的。也可以在 App
Store 或 Google Play 找到。

Step 2：選擇手機或信箱註冊

常出國的讀者可以用信箱
註冊，這樣到國外換門號也能
打開。可以填寫筆者的推薦碼
「V4ZNVJQ3」，用了這個推
薦碼後，之後所有的現貨交易
都有永久的 20% 返現，等於
所有交易手續費直接打八折。

幣安手機 APP

補充：推薦碼是各大交易所為了推廣用戶介紹使用常見的行銷
作法。除了使用者會獲得折扣，推薦人也會獲得分潤，是一種
互惠的行銷方式。

Step 3：完成身分認證（KYC）＋ 安全性認證 2FA

為了確保交易安全，幣安從 2021 年 10 月份開始要求所有用戶需要完成 KYC（Know Your Customer），也就是身分認證。點選 APP 左上的「人像」（個人資訊）、進入右上角的個人認證，接著就跟隨 APP 的步驟完成「基礎認證」、「身分證認證」和「臉部辨識驗證」。

接著，再到「個人資訊」中的「安全」設定其他驗證。這些驗證是所謂的「雙重認證」（2FA, Two-factor authentication），目的是避免有人盜用一組密碼就能隨易轉出你的資金。幣安規定至少開啟一項雙重因素認證。建議可以用「電子郵件驗證」、「Google 驗證」「簡訊二次驗證」中選擇兩個或三個，確保安全性。

台幣入金

如果沒有其他持有加密貨幣的帳號，可以選擇幣安的「信用卡買幣」或是「C2C 交易」。信用卡買幣簡單快速，多數台灣發行的信用卡都有支援，但缺點是刷信用卡需支付 2 到 3.5% 的國外交易手續費。如果要刷卡買幣，建議可以用海外

刷卡回饋高的信用卡。

至於 C2C 交易，則是幣安提供的用戶對用戶（Customer to Customer）的交易平台。買幣的流程類似拍賣網站或場外交易平台，用戶可以充當賣方或買方，賣方刊

幣安 C2C 入金影片

登出售中的加密貨幣與報價，有興趣的買方就可以點開下標。相關內容可以參考筆者先前拍攝過的實測影片。

加密貨幣轉帳

本段落介紹如何從別的錢包或交易所直接轉加密貨幣到幣安的帳號。各個平台的轉帳規則大同小異，本段介紹的方法也適用於其他幣「地址到地址」的轉帳。（有些讀者曾問我，是不是要轉去別的交易所之前都要先轉到幣安，答案是不用的）

Step 1： 找到你的加密貨幣地址

像外匯與台幣需要不同的帳戶存放一樣，不同加密貨幣也需要不同的「地址」來存放。而一種加密貨幣可能同時適用

不同區塊鏈的地址，因此新手轉帳時需要注意一下。

在幣安 APP 內找到「資金」到「現貨錢包」選擇「儲值」然後選擇你要轉入的幣。以最常轉帳使用的 USDT 為例，幣安轉進、轉出 USDT 支援 ERC20、TRC20、BEP2、BEP20 等多種地址。這些地址的差別在於，它們屬於不同條區塊鏈。ERC20 屬於以太坊，TRC20 屬於波場，而 BEP20 屬於幣安智能鏈 BSC 等等。

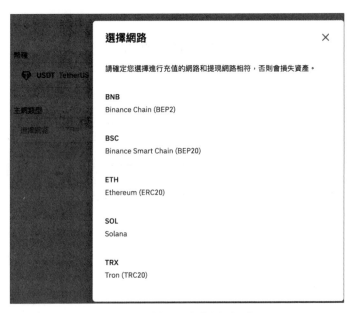

轉帳一定要選對地址的「主網類型」

我們在轉帳時需要注意的是，「轉出的鏈」是否選擇與「轉入的地址」選擇相同的鏈。比方說 USDT 大家愛用的是 TRC20，那麼我就複製我的 TRC20 地址（TBUTe9⋯⋯j4nf）。

　　幣安的 USDT 支援多種區塊鏈地址（又稱網路、主網類型、線路、協議），在轉帳的時候，一定要確認轉進和轉出雙方地址的幣種和主網類型都是相同的。

Step 2 ：從台幣交易所轉出

　　接著，將這個地址傳給要給你幣的人，或是如果是你自己的帳戶的話，以台灣的交易所 BitoPro 為例，從 BitoPro APP 找到「提領」選擇 USDT，接著選擇錢包類型 TRX-TRC20。將幣安複製來的地址貼上去，輸入轉帳金額，就可以完成提領。

　　值得注意的是，加密貨幣交易所之間的轉帳，「轉出」的那一方需要支付手續費，「轉入」的一方則不需要。實際操作的部分也可以參考筆者這部影片。

加密貨幣如何轉帳

現貨交易：基本的買幣與賣幣

完成了帳戶註冊，並打進來了一些 USDT，是時候開始體驗幣安多樣化的投資玩法了！那麼首先，讓我們簡單介紹一下最直覺也最基本的交易功能，也就是「現貨交易」。

幣安目前支援 300 多種加密貨幣，且擁有全球最深的交易深度。交易深度越深，買賣的價差就越小越划算。現貨交易的手續費為 0.1%，如果註冊時有填寫推薦碼，則可以享有 20% 的返現，如果先買一點 BNB 放在現貨錢包，並選擇以 BNB 支付交易手續費，還能享有手續費 75 折優惠。兩個優惠都用，則手續費才 0.06% 而已，相當於每 10,000 塊交易額支付 6 元手續費，比起股票交易划算很多。

首先，讀者需要注意的是，斜線後面的幣是以何作為本位。舉例來說，如 ETH/USDT 與 ETH/BTC 同樣是買以太幣 ETH，但前者是以 USDT 計價，後者是以 BTC 計價與交易。

而交易對後面的 3×、5×、10×，則是指這個交易對在「槓桿」交易中最高可以開幾倍槓桿，現貨交易時不必理會。槓桿交易不是最熱門的玩法，有興趣的讀者可以上網搜尋相關資料。

熱門	漲幅榜	跌幅榜	24h 成交量
ALL 市場 ▼		最新價	成交量（美金）
SHIB /USDT 5x		0.00003160	50.69億
BTC /USDT 10x		54,448.90	44.02億
ETH /USDT 10x		3,519.65	22.85億
SHIB /BUSD 5x		0.00003161	11.53億
BUSD /USDT 10x		0.9997	11.52億
BTC /BUSD 10x		54,472.72	9.72億
DOGE /USDT 5x		0.2443	8.03億

　　補充：在幣安交易對中除了 USDT，也常看到 BUSD，
這是幣安與 Paxos 在 2019 年 9 月共同發行的一比一美元穩定
幣 BUSD（Binance USD）。特別的是 BUSD 是由紐約州金融
服務管理局（NYDFS）核准監管，並支援 ERC-20 和 BEP-2。
2021 年 10 月，在美元穩定幣的排名中，BUSD 的發行量 130
億美元，僅次於第一名的 USDT（680 億）和 USDC（327 億）。
不過因為台灣的交易所還沒有支援 BUSD，所以讀者還是用
USDT 就可以。

合約交易：以小博大的槓桿玩法

如果你加入幣圈投資討論的群組，一定看過如這張圖的「曬單」。

這就是幣安交易所的合約功能。合約是「永續期貨合約」的簡稱，是一種類似期貨交易的加密貨幣圈特有的衍生性金融商品。它的特色就是允許用戶透過槓桿，放大投資損益。詳細玩法可以參考本書第四章 193 頁。

幣安寶：存幣賺幣的被動收益

在傳統金融世界中，有些外幣存款能有更高的利息收入，在幣安等交易所中（等於加密貨幣的銀行），當然也可以，而且通常利息收入都會比傳統金融中來得高許多。對於想要屯幣，但又希望資產能發揮更高效率的用戶，可以參考幣安寶中的各種活期、定期玩法。

流動性挖礦：DeFi 最夯的資金池挖礦

流動性挖礦一詞來自去中心化金融 DeFi 領域。它與傳統定義的「挖礦」不同，並不是替某條區塊鏈驗證鏈上訊息與打包資訊，而是透過為「資金池」提供流動性，創造加密貨幣的交易市場。「流動性挖礦」跟存款的策略在感受上非常類似，都是存錢賺利息。不同的是，在流動性挖礦中存錢時，需要一次放入兩種不同的幣，並且除了挖礦收益外，還應該注意「無常損失」（Impermanent Loss）產生的風險。一般來說，挖礦收益能抵過無常損失，但影響流動性挖礦損益與否的主要，還是用戶投入的資金幣價漲跌。關於流動性挖礦的詳情，也可以參考本書 210 頁。

2-5
重要加密貨幣種類介紹

　　根據加密貨幣資訊網站 Coinmarketcap.com 的列表，在 2021 年 9 月時，世界上已經有超過 1.1 萬多種不同的加密貨幣。這些同樣採用區塊鏈與加密算法為技術底層的數位貨幣，在早期被視為比特幣的山寨品，常稱為「山寨幣」或「競爭幣」。

　　但是，許多加密貨幣並非單單是複製比特幣的技術，而是在其之外發展出其他應用。例如市值第二大的以太幣，其背後的項目「以太坊」（Ethereum），就以智能合約為特色開啟了區塊鏈 2.0 的風潮，讓加密貨幣不再只是一種數位貨幣，而是能有實質功能。

　　2015 年 7 月，以太幣剛發行時，幣價才 1 美元左右，在約莫六年時間後的 2021 年，已經翻到接近 4000 美元一顆，超過數千倍的爆炸般成長。可以見得，在加密貨幣市場中如果能

# ▲	名稱		價格	24h %	7d %	市值 ⓘ
☆ 1	₿ Bitcoin BTC	購買	$47,752.71	▼0.34%	▲9.09%	$898,397,995,874
☆ 2	◆ Ethereum ETH	購買	$3,359.36	▼1.14%	▲8.46%	$394,641,415,045
☆ 3	◈ Binance Coin BNB	購買	$420.54	▼2.17%	▲19.73%	$70,517,868,678
☆ 4	☀ Cardano ADA		$2.19	▼3.82%	▼2.17%	$69,868,610,714
☆ 5	Ⓣ Tether USDT	購買	$1.00	▲0.02%	▼0.05%	$68,041,304,132
☆ 6	Solana SOL		$169.18	▼1.33%	▲21.98%	$50,038,629,647
☆ 7	✖ XRP XRP		$1.04	▼0.80%	▲7.55%	$48,313,251,302
☆ 8	ⓢ USD Coin USDC		$1	▲0.03%	▼0.04%	$32,304,830,941
☆ 9	℗ Polkadot DOT	購買	$31.16	▼2.68%	▲6.14%	$30,627,868,654
☆ 10	Ⓓ Dogecoin DOGE		$0.2156	▼1.23%	▲4.60%	$28,300,865,481
☆ 11	◍ Terra LUNA		$47.29	▲6.37%	▲29.37%	$18,827,456,558
☆ 12	🦄 Uniswap UNI		$25.39	▼2.77%	▲3.85%	$15,488,752,846
☆ 13	◮ Avalanche AVAX		$67.16	▼4.20%	▼1.65%	$14,724,605,038
☆ 14	⟐ Binance USD BUSD		$0.9999	▲0.02%	▼0.06%	$13,105,690,063
☆ 15	◮ Algorand ALGO		$2.06	▲13.40%	▲13.55%	$12,389,101,004

2021 年 10 月 4 號，加密貨幣市值排名前 15 名。資料來源：coinmarketcap.com

選對標的，長線布局，收益很可能是成倍的計算，非常值得深入研究。本篇就是介紹筆者評選，值得介紹給讀者的 16 種重要且有投資潛力的加密貨幣。

1、比特幣（BTC）

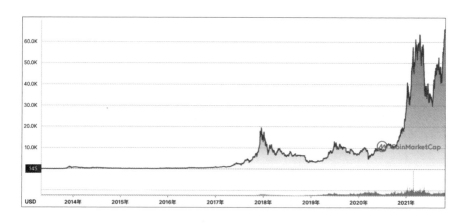

BTC 的幣價走勢

　　區塊鏈技術的源頭、加密貨幣的始祖，人稱「大哥」的比特幣毫無疑問是最多投資人看好的加密貨幣。比特幣目前總市值在世界各種資產中排名第九，目前排行甚至超越特斯拉。作為產量固定、每四年減產一次的價值儲藏貨幣，有「數位黃金」之稱的它，目前與真正的黃金市值還有十倍之遙。如果比特幣

將來能被賦予與黃金同等地位，在產量不變的條件下（目前約九成比特幣已挖出），比特幣還要達到黃金的市值還有 10 倍的漲幅空間。

比特幣不只是機構投資人第一個會注意到的加密貨幣，它的走勢也是所有加密貨幣投資人必看的指標。**比特幣在加密貨幣總市值的市占率是就一種判斷目前加密貨幣市場行情是否過熱的指標。一般認為比特幣市佔率 40% 以下就是過熱跡象。**

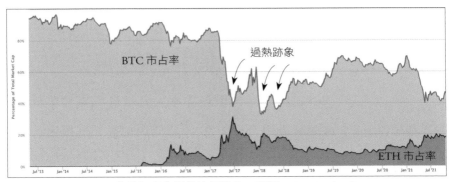

BTC 佔總加密市場的比例變化。來源：CoinMarketCap

另外，在加密貨幣市場發展初期，由於法幣與加密貨幣的匯兌還不是很方便，許多人對各種幣的計價方式乾脆就用比特幣為貨幣單位，是為「幣本位」的計價。這個觀念延續至今，許多交易所仍保持用比特幣作為預設計價的單位之一。

2、以太幣（ETH）

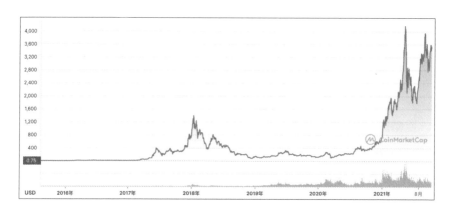

ETH 幣價走勢圖

　　以太坊（Ethereum）是由俄裔加拿大人維塔利克・布特林（Vitalik Buterin，人稱 V 神）在 19 歲時所構思。他提出一個可開發不同應用程式的開源區塊鏈平台，拓展金融領域外的其他用途。以太坊就像一條搭載作業系統的區塊鏈，例如 Android 與 iOS 那樣，開發者可以在以太坊上打造各式各樣的 APP。此外，以太坊上的 APP 不是由任意一家公司的主機伺服器運作，而是像比特幣區塊鏈那樣透過全球各地的「礦工」維護的「節點」運作。DAPP（Decentralized Application）去中心化應用程式一詞隨之誕生。

以太幣（Ether, ETH）就像是整個系統的燃油，催動整個區塊鏈的運作。因為用戶每次在以太坊區塊鏈上進行任何一筆轉帳或執行一個指令，都需要支付「燃料費」（Gas Fee）給礦工，包括使用以太坊上的 DeFi（去中心化金融平台）、交易以太坊上的 NFT（收藏品）。一來這賦予了以太幣應用價值，也為整個生態系的經濟模型定調。以太坊用戶增加等同於以太幣需求增加。

　　以太坊最大的貢獻之一，是其智能合約允許任何開發者直接在鏈上發幣。在過去，想要發行自己的加密貨幣必須先寫一條區塊鏈出來；但以太坊就像區塊鏈工程師的工具包，讓幣圈項目的開發更加簡單，間接促成了 2017 年的 ICO 狂熱、2020 年 DeFi 夏天與 2021 年的 NFT 狂潮。

　　以太坊的巨大成功，使後來的區塊鏈開發者紛紛改以以太坊為基礎，打造出各具應用場景的區塊鏈，而非像比特幣那樣用來記帳的區塊鏈。包括 BSC、SOL、FTM、ADA、AVAX、AGLO 等鏈的蓬勃發展，正式進入「區塊鏈 2.0」時代。

3、泰達幣（USDT）

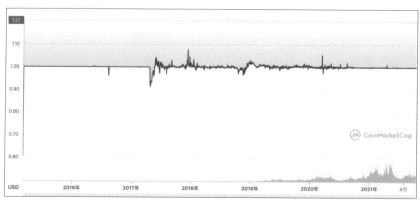

USDT 走勢圖，價格錨定美元

　　USDT 是 Tether 發行的與美元錨定價格一比一的加密貨幣。這不是一種讓你買低賣高賺錢的加密貨幣，而是在區塊鏈世界中讓投資人更容易的「套現」的一種工具。因為即使到了今天，許多加密貨幣的平台仍然比較難提供真正的法幣交易服務，因此我們需要一個透過價值穩定，可以視同法幣的「穩定幣」來使用，才好在急著需要賣出時可以套現。

　　USDT 是目前市值最大，在交易所內最普及的穩定幣，基本上被視為美元了。大部分的幣都能找到 USDT 的「交易對」，如 BTC/USDT、DOGE/USDT 等等。因為 USDT 太常用了，也可以直接簡稱為 U。所以我們也常可以看到以下的幣圈對話：「你現在主要投資什麼好幣呀？」「現在市場太危險了，

我滿手 U！」。

　　USDT 也是幣圈轉帳和支付最常用的幣種。因為 USDT
可以走不同的區塊鏈，在複製 USDT 地址時，一定要再三注
意有沒有複製到正確的區塊鏈（協議、協定）。舉例來說：台
灣的 MAX 交易所同時支援 TRC20、ERC20 及 OMNI 三種協
定的 USDT，三者使用地址格式不同，選錯將會導致資產遺失，
後果十分嚴重，不可不慎。

4、幣安幣（BNB）

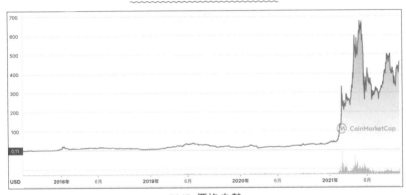

BNB 價格走勢

　　BNB 是幣安交易所於 2017 年透過 ICO（Initial Coin
Offering，首次代幣發行）上市發行的加密貨幣。BNB 在兩條
不同的區塊鏈上都有，一條是舊的，許多比較早期就有對接幣
安的交易所仍使用的（BEP2 協議）；另一條是新的，是兼容

以太坊區塊鏈的新區塊鏈幣安智能鏈 BSC（BEP20 協議）。這兩者幣價相同，但轉帳時需要特別留意是否選錯地址。

作為全球最大的幣安交易所發行的唯一平台幣，BNB 的應用場景除了交易所內的手續費折抵、IEO 抽籤等用途，它也是幣安智能鏈 BSC 上必備的「燃料費」使用（參見以太幣的介紹），應用場景的多元，加上幣安定期會透過「回購、燒幣」的機制減少 BNB 的市場流通量，類似於公司定期配股配息的做法，BNB 至今已是穩定保持市值前五的主流加密貨幣。

5、艾達幣（ADA）

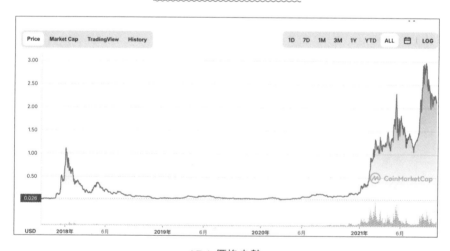

ADA 價格走勢

ADA 是以太坊共同創辦人之一查爾斯·霍斯金森（Charles Hoskinson）離開以太坊後，創辦的 Cardano 區塊鏈的原生加密貨幣。因為早期募資時資金大多來自日本，而願景與以太坊又類似，ADA 也被稱為「日本以太坊」。ADA 一直以來長據市值前十名，而近期隨著九月份系統升級對市場的激勵，目前排名前三。

ADA 的功能性與 ETH 相同，都是作為區塊鏈上各式應用時需要支付給礦工的「燃料費」。因此，其幣價應該也要與 Cardano 上的應用熱門與否成絕對關係。然而，事實卻非如此。直到筆者撰寫這段時，Cardano 區塊鏈上至今仍未運行一個實際應用的項目，換句話說，所有的 ADA 價值都是對 Cardano 未來的美好願景的期望。此外，ADA 社群與 ETH 社群之間有著微妙的「瑜亮情節」：ADA 社群認為 Cardano 才是最為去中心化的區塊鏈項目，以太坊背後都是過強的節點；而 ETH 社群認為 Cardano 在還沒有任何項目就能衝到這麼高的市值，根本就是加密貨幣產業的笑話。

不得不說，儘管 Cardano 的應用部署較慢，官方的發展路線圖確實是有按照當初規劃的那樣運作。包括 2021 年 3 月的 Mary 硬分叉升級，以及 GOGUEN 階段。Cardano 基金會在非

洲各國的教育與金融建設普及也確實顯現其透過區塊鏈改善金融建設較為落後國家的金融服務的初衷，在這一點上，他們的發展路線確實值得期待。

6、波卡幣（DOT）

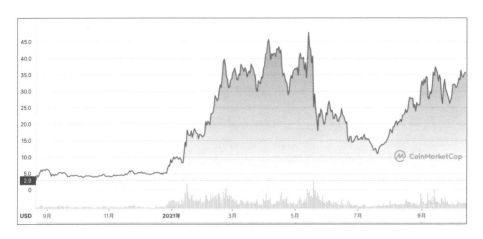

DOT 價格走勢

　　DOT是以太坊共同創辦人、暨前技術長加文·伍德（Gavin Wood）離開以太坊後創立的波卡區塊鏈（Polkadot）的原生加密貨幣。總市值排行長期維持前十。

要談 DOT，就需要先來聊一聊加文・伍德這個人。這位前以太坊技術長就是以太坊黃皮書（Ethereum Yellow Paper）的撰寫人，不僅僅是以太坊技術基礎的奠定者，他建構的程式語言 Solidity 更是現在區塊鏈編程最常用的程式語言；他還創辦了 Web3 基金會，致力於協助各個區塊鏈相關的基礎建設發展。有他在背後頂著，Polkadot 的技術實力可說無與倫比的強大。

Polkadot 區塊鏈的願景與其他項目不同，他構思的不是通過一條區塊鏈改變世界，而是未來將會有多條區塊鏈共榮發展。各個區塊鏈將會在其擅長的領域各展拳腳，而非由某條最大的壟斷市場。而多條各有所長的區塊鏈，彼此之間的溝通與對接需要有人負責，這就是 Polkadot 要做的事。這就是所謂的「跨鏈」應用。

目前，Polkadot 主鏈還沒有與任何區塊鏈對接，可以說 DOT 的市值也是建構在人們對其未來發展的預先布局。不過，根據 Polkadot 官方消息，2021 年 11 月 11 日已經排定將會有第一個插槽拍賣進行，屆時如無意外，第一個連結 Polkadot 主鏈的區塊鏈項目將會開始運作。

7、萊特幣（LTC）

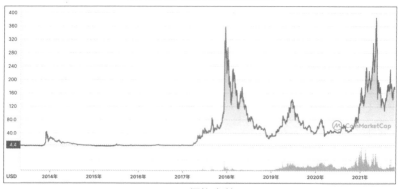

LTC 價格走勢

　　LTC 發明是由李啟威（Charlie Lee）所創 Litecoin 區塊鏈上的原生加密貨幣。LTC 的目標是改進比特幣過慢的區塊產生速度，所以取名為輕量版（Lite）的比特幣。比起比特幣，萊特幣的區塊每 2.5 分鐘產出一個（比特幣是 10 分鐘）、其發行量是比特幣四倍多、挖礦也比比特幣更加容易。

　　儘管萊特幣從技術層面來說可能是更好的區塊鏈數位資產，但其並未撼動比特幣的地位。可能跟比特幣已經發展出的網路效應有關。萊特幣社群喊出的口號為「比特金、萊特銀」目標攫獲比特幣作為數位貴金屬剩餘的價值。綜觀幣價歷史，萊特幣的表現確實與比特幣同進退，只是漲跌的幅度都會放大。2017 年 12 月，李啟威宣布已賣出所有萊特幣，但仍會持續為萊特幣區塊鏈貢獻。

8、狗狗幣（DOGE）

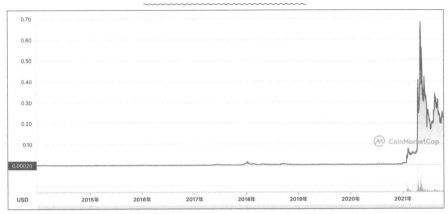

DOGE 價格走勢

　　狗狗幣 Dogecoin 是 2013 年傑克森・帕爾默（Jackson Palmer）和比利・馬克思（Billy Markus）為了諷刺比特幣炒作風氣而設計的加密貨幣。用了與萊特幣類似的技術架構，傑克森在這個加密貨幣的圖騰放了當時流行的狗狗迷因做為幣種圖式，並取名為 Dogecoin（狗狗幣）。包括創辦人在內，沒有人預期到這個「迷因幣」能在今天名列前十大加密貨幣之中。

　　狗狗幣的技術架構由於與比特幣、萊特幣類似，難以在其上建構應用程式。因為其幣值低、易於挖礦取得，最早期也是被當成國外論壇中打賞功能的小費。時至今日，隨著特斯拉執行長馬斯克（Elon Musk）多次於個人推特提及「狗狗幣」、

「我想養柴犬」等言論，加上迷因文化十年來持續的蓬勃發展，Dogecoin 再也不只是一個笑話般的存在，竟成為比眾多具有強大性能的區塊鏈市值更高的加密貨幣。

然而，狗狗幣仍被視為風險較高的投資，畢竟在創辦人見到狗狗幣成為炒作工具後都「失望離去」，其難以開發的性質也讓它很難從價值投資的角度看待。當迷因風潮退去，或是不再受「馬投顧」寵愛，狗狗幣的市值或許會被發現是嚴重高估。

馬斯克在推特強推狗狗幣，帶動 2021 年狗狗幣的崛起

9、瑞波幣（XRP）

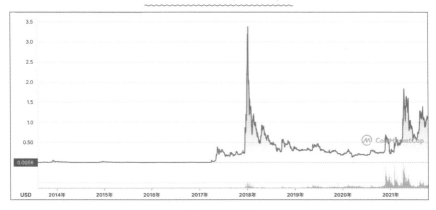

XRP 價格走勢

　　XRP 是分散式驗證網路瑞波（Ripple）所使用的加密貨幣，是最老牌的加密貨幣之一。與其他受到比特幣區塊鏈啟發的幣圈項目不同，Ripple 早在 2004 年就推出了它的第一個分散式電子支付平台，目標是實現快速的跨國匯兌功能。與比特幣打倒中心化銀行霸權的理念不同，瑞波服務的對象恰恰就是銀行。截至目前為止，全球唯一一家與 Ripple 整合的銀行只有德國 Fidor 銀行。

　　在 2018 年加密貨幣狂熱時，XRP 甚至曾一度超越 ETH 的排名，成為當時市值第二位的加密貨幣。然而，近期卻因為美國證監會 SEC 的訴訟危機，XRP 被控告為一種有「證券屬性」的數位資產，卻並未按照法規監管，一度跌出市值前十。

10、波場幣（TRX）

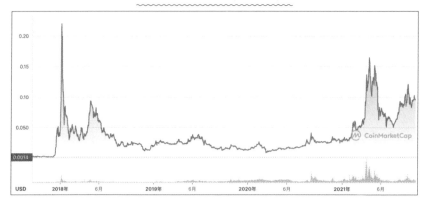

TRX 價格走勢

　　TRX 是幣圈著名創業家，人稱「孫哥」的孫宇晨創立的波場 Tron 區塊鏈的原生加密貨幣。Tron 區塊鏈應用場景與以太坊類似，TRX 幣的功能也與以太幣雷同，是 2017、18 年竄起的「以太坊殺手」之一。當時出現了不少功能類似以太坊，但號稱性能強過以太坊的區塊鏈項目，而 Tron 是少數至今仍有主流應用價值的一個。

　　然而，Tron 區塊鏈最常被使用的原因卻不是波場區塊鏈上的生態系，而是因為美元穩定幣的轉帳。在許多條 USDT 能使用的區塊鏈中，Tron 屬於比較早期、最多交易所支援的。而使用 Tron 區塊鏈轉帳時 (TRC20) 需要的手續費比起其他

的（尤其是以太坊 ERC20）來得便宜，因此被十分廣泛的使用。多數新手加密貨幣轉帳教學的內容，都會提及建議使用 TRC20 作為轉帳的區塊鏈（協議）。

11、 Solana（SOL）

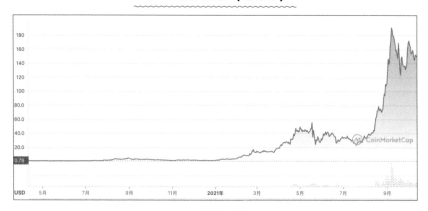

SOL 價格走勢

Solana 區塊鏈是一個 2020 年才正式上線，卻以迅雷不及掩耳之速搶占幣圈主流一席之地的公鏈項目，SOL 即鏈上的原生加密貨幣。筆者開始撰寫本書時，SOL 幣價才 40 多塊，直到本書快完成時，竟然迅速飆升至最高 216 一顆，甚至超越了 DOGE、DOT 等老牌經典幣。

區塊鏈的「性能」有不同的指標可以判斷，最常見的就是

每秒事務處理量 (TPS, Transaction per Second)。以太坊就是因區塊空間有限，TPS 約只有 15 而受到許多挑戰。而號稱全網最快公鏈的 Solana，每秒可以吞吐破萬筆交易，也就成為新一代公鏈賽道最有力的競爭者了。再加上 Solana 得到另一個主流交易所 FTX 創辦人 SBF 的支持，計劃在其上打造了全面的 DeFi 應用生態，使 SOL 成為 2020 年至今表現最強勢的幣種之一。

12、Vechain（VET）

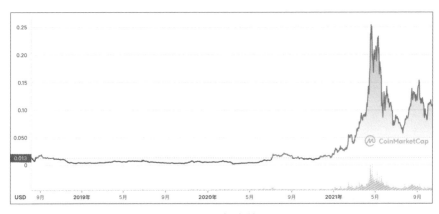

VET 價格走勢

VET 是由「唯鏈科技公司」（VeChain Technology）發行的加密貨幣，目前市值排行第 22。與多數主流加密貨幣不同，唯鏈是一家將區塊鏈技術應用在實體商業的公司，致力於將區

塊鏈與現實世界連結，發展有價值的企業應用。是這個賽道目前市值最大的加密貨幣。

他們的合作企業包含沃爾瑪中國、寶馬集團、中國人保、H&M Group 等知名企業，主要提供數位低碳生態系統、新零售、物流等業務內容。

隨著中國對區塊鏈的監管越發嚴謹，大部分的交易所、公鏈項目對於中國避之唯恐不及。然而，在眾多區塊鏈項目中，唯鏈是少數明確受到官方認證合規的公司之一。與官方的和諧關係以及獨占鰲頭的實體商業賽道，使 VET 即使在百花爭艷眾多的幣圈項目中都顯得別具特色。

13、Uniswap（UNI）

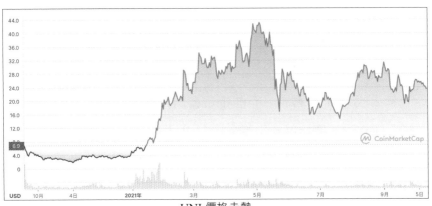

UNI 價格走勢

目前所有運行在公鏈上的項目中，使用者最多的有兩大應用模式：去中心化金融（DeFi）與鏈上收藏品（NFT）。其中，DeFi 的生態打從 2017 年就開始萌芽，直到 2020 年「流動性挖礦」玩法問世後得到恐怖的增長。

去中心化金融，顧名思義是一種完全建構在區塊鏈上的金融系統。幾乎多數日常中的金融應用都可以找到，包括交易、借貸（存錢）、期權、保險、衍生性商品等等。

目前交易量最大的是應用之一，是「去中心化的交易所」（DEX）。以太坊上的 DEX 龍頭，就是 Uniswap，代幣代號 UNI。Uniswap 作為最早期的去中心化交易所之一，其合約代碼也被許多後來的項目或抄或參考使用，後來的 SushiSwap 就是正大光明地抄襲 Uniswap 代碼，目前還躋身主流的經典案例。大多主流 DeFi 項目的幣，常有的功能包含：

1. **治理功能**。持有 UNI 可以參與論壇投票，像是股東那樣參與平台自治。

2. **分享平台獲利**。有些平台會用業務收益來「回購並銷毀」平台幣，間接推升幣價。

3. **質押被動收益**。平台通常會給出誘因，例如將幣質押在平台中，即可賺取穩定的利息收益。

Uniswap 平台收益驚人，是全網最會賺錢的 DeFi 項目。
儘管目前 Uniswap 平台還沒有啟動任何的回購計劃，持幣者僅
能透過論壇投票權感受到持幣的作用。然而即使如此投資人仍
將 UNI 幣視為很好的投資，足以說明 Uniswap 在幣圈中的地
位。

14、Aave (AAVE)

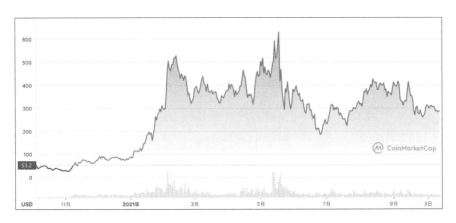

Aave 價格走勢

　　Aave 是以太坊上 DeFi 項目的借貸平台龍頭之一。我們常
常用平台中「鎖定的總資金量」（Total Value Locked, TVL）來
判斷一個 DeFi 項目是否被市場青睞。AAVE 的總鎖倉量至截稿

為止有超過等同 275 億美元的各種加密貨幣，排行全網之最。

Assets ▼	Market size ▼	Total borrowed ▼	Deposit APY ▼	Variable Borrow APY ▼	Stable Borrow APY ▼
DAI	2.14B	1.72B	4.89 % ⓘ 1.40 % APR	6.71 % ⓘ 1.75 % APR	14.71 %
Gemini Dollar (GUSD)	26.79M	22.27M	14.73 % ⓘ 1.40 % APR	19.69 % ⓘ 1.69 % APR	–
USD Coin (USDC)	5.89B	5.37B	9.20 % ⓘ 1.02 % APR	11.21 % ⓘ 1.12 % APR	18.21 %
USDT Coin (USDT)	1.1B	995.7M	7.47 % ⓘ 2.23 % APR	9.11 % ⓘ 2.48 % APR	17.11 %
Ethereum (ETH)	1.99M	81.4K	0.02 % ⓘ 0.33 % APR	0.50 % ⓘ 0.43 % APR	3.63 %

AAVE 上可以借貸的資產

　　本段落撰寫時，Aave 平台上的「存款利息」（Deposit APY）高達 14.73%。這是因為近期市場相當活絡，不少 DeFi 玩家願意花更高的利息（19.96%）借款。DeFi 世界的借貸由於不會追蹤個人身分，因此借款者還必須抵押其它資產如 ETH 才能完成借款。AAVE 提供超過 20 種的可抵押資產，與傳統金融中的模式不同，借貸需要支付的利息是實時公開透明，並且主要用途會用來支付存款者的利息。因此存款利息實時多少完全由當下借款者的多寡來決定。利息下方較小的數字

是 Aave 平台提供的「流動性挖礦」收益，詳情可參見第四章。

AAVE 代幣與 UNI 一樣，具有平台論壇投票的治理權限，也可以將 AAVE 幣質押到平台的安全模組中提供平台處理意外的資金。將 AAVE 幣質押到安全模組可以獲得穩定的利息收益。

15、Yearn Finance（YFI）

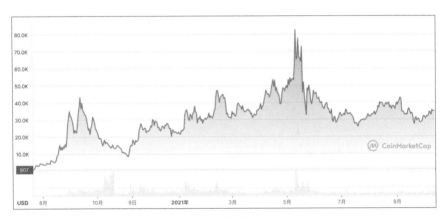

YFI 價格走勢

Yearn Finance 是以太坊上的「收益聚合器」龍頭。YFI 是它的治理型代幣。YFI 在發行時，就訂下了只發行 30,000 顆的規則（後來治理投票表決通過增發了 6666 顆）。俗話說物

以稀為貴，僅有 30,000 顆的 YFI 在 DeFi 系列加密貨幣暴漲的時期表現更加誇張，曾一度幣價超越比特幣，最高來到一顆 80,000 美元的天價。「DeFi 界的比特幣」之名不脛而走。

所謂的「收益聚合器」，主要是服務想要在 DeFi 流動性挖礦以及各種流動性獎勵的生態中獲利，卻不想在眾多項目中隨波逐流的用戶。將資金存到 Yearn Finance，平台就會自動幫你投到當下最適合的 DeFi 平台。

16、Axie Infinity（AXS）

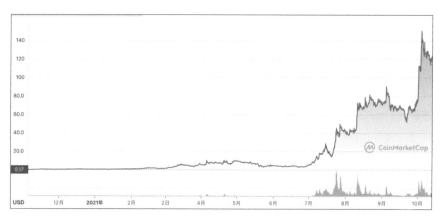

AXS 價格走勢

Axie Infinity 是一個由越南遊戲工作室 Sky Mavis 打造的線上遊戲。它建構在以太坊側鏈 Ronin 上，玩家可以透過在遊戲中解任務、打怪、繁殖等各種玩法賺取愛情藥水（Smooth Love Potion, SLP），就像一般的線上遊戲一樣。不同的是 SLP 是區塊鏈上可交易的加密貨幣！透過結合遊戲中的虛寶與區塊鏈上的虛擬貨幣，Axie Infinity 成功創造了一款實現「打 Game 即賺錢」的 Play to Earn（P2E）鏈上遊戲。

AXS 是 Axie Infinty 的主要加密貨幣，可以用於投票治理使用，也可以在遊戲中作為抵押或付款等。2021 年 7 月開始，隨著 NFT 系列賽道竄紅，遊戲內設施與腳色也都採用 NFT 設計的 Axie Infinity 迅速竄紅，AXS 幣也在兩個月內直翻五倍，並帶起了一眾以 P2E 為特色的 NFT 區塊鏈遊戲（關於 P2E，請見本書 219 頁），正式打起「遊戲金融」（GameFi）的賽道大旗。

2-6
幣圈必追推特名單與中文媒體

　　當你在新聞裡看到某項目要推出新的功能，所以幣價可望上漲的時候，那麼這則消息恐怕已不是「新聞」，而是早反映到幣價上的「事實」了。當然，我們一般散戶沒辦法輕易得到各個幣圈項目內部的消息，但是比新聞快速的消息管道還是有的，那就是——推特（Twitter）。

　　作為美國最大的社群媒體平台之一，許多幣圈大佬都會時不時在個人推特帳號發表對幣圈近況的看法，或是提及最近什麼項目正在做什麼事。而許多新聞正是從各大佬的日常推文中擷取的。因此，如果能第一手在第一時間追蹤到幣圈愛 PO 文的大佬觀點，常常有機會搶到一些市場先機。當然，即使你不喜歡整天掛在社群媒體上，不定期的關注一些幣圈知名人士

帳號也有助於你對目前的市場、行情與開發情況有所了解。本章為各位讀者簡單整理了一些幣圈必追的推特帳號：

CZ Binance　　　　　　　　https://twitter.com/cz_binance

　　這是幣安創辦人兼幣安智能鏈指標人物趙長鵬。他的推文相當頻繁，推文內容有幣安相關資訊也有市場觀點，行情不好時則常常有雞湯文。

SBF　　　　　　　　　　　https://twitter.com/SBF_FTX

FTX 創辦人、FTX 宇宙指標人物。推文內容有 FTX、SOL 相關資訊也有市場觀點。

鏈上數據平台 CryptoQuant 的官方推特帳號，時有市場與行情的數據分析內容。

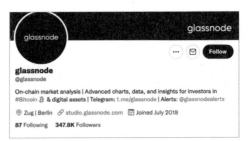

鏈上數據平台 glassnode 的官方推特帳號，時有市場與行情的數據分析內容。

Whale Alert   https://twitter.com/whale_alert

　　鯨魚警告。區塊鏈上大筆轉帳發生時,這個機器人帳號會在第一時間推播給追蹤者(所謂的鯨魚是指擁有許多比特幣的大戶)。

POMP   https://twitter.com/APompliano

　　超過百萬追蹤的幣圈資深投資人。時常分享比特幣投資觀點與市場行情。

PlanB   https://twitter.com/100trillionUSD

比特幣與加密貨幣領域指標性的分析公司，S2F（Stock to Flow）模型提出者。此模型精準預測了過去十年比特幣走勢，以及 2021 年 8 月和 9 月的走勢，根據此模型，12 月比特幣將收高至 13 萬美元。

Vitalik.eth   https://twitter.com/VitalikButerin

以太坊創辦人 Vitalik Buterin 的推特帳戶。推文內容通常比較技術和專業。

Michael Saylor https://twitter.com/michael_saylor

比特幣持倉最重的上市公司「微策略」（MicroStrategy）執行長。是比特幣的鐵血信仰者。

Elon Musk https://twitter.com/elonmusk

一則推文可以讓幣價上漲或下跌 10% 的特斯拉、SpaceX
執行長。過去曾多次發文提及狗狗幣 Dogecoin，且都能造成幣
價上漲，屢試不爽。

Documenting Bitcoin　https://twitter.com/DocumentingBTC

一站式全方位比特幣消息整理帳號。

Zhu Su　https://twitter.com/zhusu

三箭資本（Three Arrows Capital）執行長。推文常提及幣圈投資觀念與市場行情觀點。

去中心化交易所（DEX）Uniswap 創辦人。是 DeFi 領域發文較頻繁且常常有獨到觀點的大佬。

Yearn Finacne、Keep3r Network 創辦人，是 DeFi 領域最受敬重的開發者之一，發文頻繁但內容較有難度、有個人特色。

再來，提醒一下對於推特比較不熟悉的讀者，要注意比對名人的帳號是否有異。因為曾經發生過詐騙集團盜取有藍勾勾的名人官方帳號，再將名稱修改成 Elon Musk，然後混在真的 Elon Musk 的推文下方貼出詐騙連結，讓受害者信以為真而匯幣過去。那個連結宣稱，特斯拉正在舉辦「限量比特幣放送」活動，只要傳送比特幣過去，就能獲得該金額的兩倍。當你傳小額的幣過去時，真的會給你兩倍，但放下戒心傳了超大金額過去時，當然就一去不復返了，這就是這一兩年大行其道的「回饋贈送騙局」（Giveaway gangs）。所以在推特上，除了確認名字和藍勾勾，也要檢查帳號是否相符，例如 Elon Musk (@elonmusk) 和 Elon Musk (@JoshyMcB) 這兩個帳號，前者是真人，但後者是曾被盜來改名的假帳號（也有藍勾勾）。

必追中文幣圈媒體

因為推特上的加密貨幣資訊以英文居多，如果讀者想得知最快速的幣圈消息，卻害怕自己英文不夠好……別擔心，這一段為讀者介紹最常用的幾個中文幣圈新聞網站和 Podcast，其中也不乏消息比英文資訊更快更豐富的內容。

1. 鏈聞 Chainnews（chainnews.com）：華語圈最大、消息速度最快的媒體平台。新聞量大、研究內容豐富、快訊即時，是華語幣圈人必看平台之一。（預設簡體，也可以轉換成繁體）

2. 非小號（feixiaohao.co）：集各種數據、指標、快訊、研究內容等幣圈資訊於一身的華語最大幣圈資訊站。是許多人的幣圈快訊消息來源。

3. 鏈新聞（abmedia.io）

4. 區塊客（blockcast.it）

5. 動區動驅（blocktempo.com）

6. 手榴彈（grenade.tw）

7. 桑幣筆記（zombit.info）

8. Podcast：區塊勢（許明恩）

9. Podcast：寶博朋友說（寶博士）

10.Podcast：比特幣區塊鏈中文頻道（Zizen）

11.Podcast：區塊夜未眠（手榴彈）

12.Podcast：哥！我塊步行了（鏈新聞團隊）

最後，介紹兩個幣圈知名資訊網站，它們分別是CoinMarketCap（coinmarketcap.com）和幣虎（coingecko.com）。這兩個網站每天即時更新幣價、交易所排名和熱門專案等各種數據，絕對是關心幣圈生態的讀者不可錯過的。

2-7
非同質化代幣 NFT

　　翻開 2021 年的加密貨幣新聞與消息，讀者應該會發現多數版面除了比特幣、以太幣之外，似乎最常看到的就是 NFT 的相關資訊了。這些一個個拍賣出天價的 JPG 檔、GIF 檔究竟是什麼？為什麼區塊鏈能帶起數位藝術品的風暴？

數位資產的身分證

　　NFT 全稱為 Non-Fungible Token，中文翻作「非同質化代幣」或是「不可分割代幣」。雖然我們提到這個詞時，通常都是在指某一個數位藝術品，但其實這個技術，或者說這個詞的本質是一類區塊鏈上的代幣。和比特幣一樣，NFT 的鑄造、

交易、持有紀錄完全公開透明，獨一無二且無法造假。和比特幣（與其他加密貨幣）不同的是，正如它的名字——NFT 是不可分割、且非同質化的。

一般加密貨幣可以分割，例如比特幣可以切成 0.1、0.01 甚至 0.00000001BTC，但一枚 NFT 無法輕易拆一半，也難以成為計價單位；一般加密貨幣具有「同質性」，即你錢包中的一顆比特幣與我錢包中的一顆比特幣可以完全對等的交換，但每一個 NFT 都有著獨一無二的合約地址與 ID，即使是同一系列的 NFT，也能清楚區分彼此間的差異——這個差異拿到傳統價值儲藏性質財貨的市場，正好就跟「黃金」與「藝術品」的關係不謀而合。兩者的價值皆與稀缺性息息相關，而前者可以無限分割，後者則完全無法分割。

事實上，正是這樣的特性，讓 NFT 技術非常適合用在數位收藏品、數位藝術品、電子證書、電子契約等特別重視「真實性」、「防偽」的數位資產以及商業應用。

我們常聽到的「將一個作品上鏈做成 NFT」，乍聽之下是將某個電子檔放到區塊鏈上，成為一個區塊鏈的代幣，其實不然。創作一幅 NFT 藝術品，或是將一個藝術品做成 NFT，

其實是將該藝術品的電子檔儲存一個去中心化的雲端空間，並在區塊鏈上鑄造一個 NFT 代幣，而這個代幣就成了獨一無二，並永遠代表該作品（電子存檔）的證明。這個代幣存放的錢包所有人，就是這個 NFT 的所有人。在一個打造於區塊鏈上的應用上，例如一個數位收藏品畫廊，任何螢幕截圖或下載圖檔的行為都變得毫無意義，因為 NFT 代幣的合約地址與編號可以輕易的識別，**就像是圖檔擁有了身分證那樣**。有了 NFT 技術，讓本來只要 Control C + Control V 就能製造贗品的電子圖檔，可以變得比《蒙娜麗莎的微笑》還難仿造。隨著各大 NFT 交易平台的興起、創作者與藝術家的響應還有知名機構的背書，NFT 市場在 2021 年迅速竄紅，成為狗狗幣後區塊鏈投資的新寵兒。

NFT 收藏品的四大價值

伴隨著 NFT 收藏品市場各種漫天喊價，許多批評聲浪此起彼落。批評者最常提及的便是一個電子檔賣這麼高，明顯就是 17 世紀鬱金香狂熱的翻版。甚至也有人聲稱許多高價售出的 NFT 其實只是有心人「左手換右手」故意抬高價格而已。

誠然，NFT 市場發展的速度之快，不免讓人懷疑其中的不理性估價的成分。但是一味的質疑與不看好新科技的下場常常就是跟不上市場迅速的變化，尤其在幣圈更是如此。別忘了，2000 年網路泡沫（dot-com bubble）雖然讓許多網際網路公司受到打擊，但在今天的世界，誰又能說網際網路就是一場泡沫經濟呢？

價值一：收藏品與稀缺性

如果說比特幣的價值來自其不亞於黃金的稀缺性，那麼珍貴的 NFT 在未來也可能體現出不亞於傳統藝術品的稀缺性。考慮到全球知名的拍賣機構佳士得（Christie's）在拍賣會上將 Beeple 的數位藝術品《每一天：最初的 5000 個日子》（EVERYDAYS: THE FIRST 5000 DAYS）以 6,934 萬美元售出，成為歷史上最貴的數位藝術品，說不定那個「未來」已經成為「現在」了。

價值二：社交地位

對於頂流藝術品收藏者而言，買名畫對他們而言不只是能掛在家裡做裝飾，更是一種社經地位的展現。NFT 收藏品

也不例外，頂流 NFT 收藏品如加密龐克（CryptoPunks）、無聊猴（Bored Apes Yacht Club）等，都有僅有收藏者能加入的社群組織。隨著這些 NFT 系列的價格上升，收藏這些 NFT 並掛在頭貼上能顯示出個人在加密世界的地位。

價值百萬美元的 NFT，CryptoPunks 頭像。來源：www.larvalabs.com/cryptopunks

價值三：冠名權

買下一幅 NFT 作品雖然不能買斷著作權，如果有人螢幕截圖「偷走」你的收藏品也無法對他們提告（當然，我們都知道螢幕截圖偷不走 NFT 本身）。不過花大錢買下知名 NFT 可以得到類似「冠名權」的好處。補充：此觀點的參考資料為文章〈果殼專欄 | 加密藝術 NFT 賣的是什麼？絕對不是作品「所

有權」〉，有興趣的讀者可以去找來讀。

　　舉例而言，從 2013 年爆紅至今的「柴犬迷因」在 2021
年 6 月於 NFT 平台 Zora 以 1696.9 個以太幣賣出。買家是幣圈
共治組織 PleaserDAO，這是誰？確實，PleaserDAO 在標下柴
犬迷因之前並不是幣圈太知名的項目，但就在他們成功拍下柴
犬 NFT 的那天，所有有關注這場拍賣的幣圈人都知道他們的
存在了。從此以後該團體也能名正言順的宣布他們是柴犬迷因
的擁有者，而他們也確實圍繞著 DOGE（狗狗幣，圖騰為該
柴犬）這個概念打造了不少有趣的活動與玩法。

從搞笑迷因變成市值第八的狗狗幣（Dogecoin）。來源：dogecoin.om

價值四：元宇宙

　　元宇宙（Metaverse）的概念最早出自尼爾·史蒂文森（Neal
Stephenson）的科幻小說《潰雪》（Snow Crash)，它描述的是

一個完全虛擬的世界，玩家可以連入電腦，化身為一個虛擬角色，實現類似電影《一級玩家》或是輕小說《刀劍神域》那樣的情節。

與其說元宇宙概念賽道賦予 NFT 價值，不如說 NFT 技術使元宇宙有可能成功。目前有許多與 NFT 相關的區塊鏈遊戲都是以元宇宙生態為終極目標在發展，這也確實是許多科技公司與幣圈項目特別重視的全新領域。目前，許多 NFT 收藏的確還看不出與元宇宙的關聯，但由於區塊鏈項目的高度可組合性，未來的元宇宙生態很有可能可以整合現存已有的 NFT 物件，因此，甚至還有純粹是黑底白字的 NFT 作品「Loot」的存在，其高市值正反映了市場對於未來元宇宙產業的期待。

NFT 的泡沫屬性

僅管 NFT 的價值毫無疑問，不代表現在的 NFT 市場不存在泡沫。雖然目前已經有許多遠大的藍圖，但真正落地且有用戶和流量的 NFT 應用卻少之又少。目前 NFT 遊戲的龍頭 Axie Infinity，如果放到傳統遊戲產業可說是毫無競爭力，從遊戲

性到畫風都還有很大的進步空間，但這已經是目前實作 NFT 遊戲的頂部了。這說明有太多 NFT 市場的熱錢比起「價值投資」，更多的還是在買一個未來和想像。在市場仍火熱時可能還好，一旦比特幣市場帶頭冷卻下來，NFT 的行情由於不可拆分的性質，比起一般加密貨幣的流動性更差，漲價與跌價的幅度會更加劇烈，亦即崩盤也會更加迅速，投資人需要特別留意才是。

如何收藏 NFT ？

對於一般想要交易、蒐集 NFT 的玩家而言，可以到主流的 NFT 交易平台買賣。OpenSea 是坊間規模最大的 NFT 市場，只要瀏覽器（Chrome）擴充功能錢包即可使用。在平台上用戶可以出價買進也可以上架販售 NFT，平台收取 2.5% 的價格作為服務費用。另外，NFT 創建者也可以設定每次轉手時收取的辦稅費用（不得超過 10%）。

讀者應注意，即使 NFT 市場現在正火熱，但數據顯示 NFT 交易並不都是低風險高報酬，也有許多 NFT 只發生過一

次轉手就再也沒賣出去過。此外，NFT 市場的流通性顯然沒有一般的加密貨幣來得好，一旦市場快速走低，很有可能原先高價買進的 NFT 會卡在手上完全無法賣出。因此，交易 NFT 還是應該抱持收藏與長期投資的心態，投機炒作的風險偏高。

MARKETPLACES		
MARKET	▼ TRADERS	▼ VOLUME
1 OpenSea ◆ ETH · ⬡ Polygon	46,707 2.04%	$76.21M 4.96%
2 Axie Infinity ◆ ETH · RONIN	41,687 6.66%	$20.21M 10.61%
3 CryptoPunks ◆ ETH	17 70%	$3.64M 79.32%
4 AtomicMarket ⬡ WAX	7,172 -2.74%	$935.5k -22.97%
5 PancakeSwap ⬡ BSC	1,446 6.32%	$902.37k 2.48%

2021 年 10 月時 NFT 市場排名前五。來源：Dappradar.com

Part 3
詐騙類型和泡沫風險分析

這是一個賺錢快,賠錢更快的圈子,你若初入幣圈,在學習怎麼賺錢之前,一定要先學習怎麼不賠錢。

3-1
五種常見幣圈詐騙類型

「我們幣圈人可以沒錢，但不能沒有風險意識！」在加密貨幣投資的世界裡，一個月賺進一桶金，再用三天的時間賠光的故事比比皆是。有時候我們會因為一時的貪心而被詐騙者的話術迷惑，有的時候，長期堅持的投資紀律也會被一時的貪婪不理性敗光。永遠要記得這是一個賺錢快，賠錢更快的圈子，尤其是你若初入幣圈，在學習怎麼賺錢之前，一定要先學習怎麼不賠錢。

本章我們會依序探討幾種最常見的幣圈詐騙案例，以及幣圈需要了解的投資風險。相信我，所有人在被詐騙之前，都相信自己不是會被詐騙的那個。了解過坊間有哪些常見的詐騙型態已經是經典詐騙案件，有助於幫助我們日後遇到不尋常的

Deal 時更加警覺。

常見詐騙 1：假投資平台／假交易所

我的 Facebook 粉專「腦哥 Brain Bro」最常收到的觀眾私訊，就是詢問某某交易所是否正派經營，類似的訊息幾乎超過兩千則了。

這類型的詐騙不外乎取一個很像正常交易所的名字，抄一個很像正常交易所的介面（因此又被稱仿真交易所詐騙），然後透過交友軟體、匿名幣圈社群、網頁廣告等管道告訴你可以在這邊交易，賺得很快等等。

在你註冊和入金後，通常在交易所內會不斷的獲利——即使你是個投資新手。他們會創造讓你覺得這裡的投資很好賺的錯覺，目的是吸引你繼續入金。他們也可能會請你推薦朋友來此註冊，可以拿到更高的推薦獎金。

然而，當用戶打算提領資金時，問題就會發生。假交易所會告訴你「你的帳戶存有風險疑慮」、「疑似受到凍結」等帳戶問題，要求用戶「先轉入 10%（舉例）欲提領資金」以確保你的清白，並才能開通提領。

詐騙套路就是，
提領時會遇到問題

刻意模仿 Binance
的假交易所 APP

　　即使他們用的理由可能不同，但意思都是類似的：「你
要轉錢進來，才能轉錢出去。」當遇到客服告訴你這樣的話時，
不好意思，這 99.99% 是詐騙了。一個正當的交易所無論碰到

什麼原因，即使需要凍結你的資金，也不可能叫你額外繳納保證金。畢竟繳保證金是能證明什麼？這純粹是詐騙要在你離開前的最後一刻再敲詐你一筆的行為。正當的交易所有可能在特殊場合暫停出金，但任何叫你繳錢才能出金的，都是詐騙。

詐騙交易所（APP）特色如下：

1. 不知名的虛擬幣交易所或 APP。Google 找不到相關資訊，但偏偏有人特別推薦給你。

2. 在你註冊入金前，會有專人一對一無微不至的教學。（多數正當推廣人沒那個時間像保母一樣照顧你）

3. 成立時間不長。

4. APP 內的交易看不出問題，因為可能數據都是造假的。

常見詐騙 2：假投資／傳銷幣

許多不肖份子利用大眾對幣圈投資的陌生，巧立名目說能幫你投資。從最簡單的幫你買比特幣，到說服你加入某個投資團隊，或讓知名投資老師教你怎麼操作。這種詐騙模式不限定出現於幣圈，但很多沾邊的。這些「老師」、「投資顧問」會搬出許多花俏的幣圈投資術語，如「ICO、雲挖礦、智能合

約套利」等等，七句真、三句假的模式讓你摸不著頭腦；如果再配上「某某國中老師靠比特幣投資月入六萬被動收益」等好像很貼近你的故事，更是能讓我們新手小白動心不已，迷迷糊糊就把錢交了。殊不知交給「老師」的錢，都是你投資之路上花掉的「學費」罷了。

幣圈有句老話，「如果你不知道他哪來的 APY，很可能你就是那個 APY。」（Annual Percentage Yield，年百分比收益率）指的正是如果你不清楚一個高報酬的投資機會背後的運作機制為何，很可能他們的獲利就是來自你的本金。因此，不要心存僥倖，永遠要自己了解每筆花出去的投資資金的運用，才能把錢轉過去。

假投資和傳銷幣的特色：

1. 假借名人名義，或是自稱有知名老師帶你投資，其實根本沒這人。

2. 投資模式三分真、七分假。你能找的到網友討論類似的東西，但就是沒有討論他們的平台。例如他們宣稱「你如果擔心可以去查查幣安是不是最大的，我們就是用幣安的出入金。」……其實這跟幣安一分錢關係都沒有。

3. 提供許多「平凡人」靠平台獲利的心得分享……其實

都是花五百塊台幣就能刊登的假文章。

4. 入口網站常會「特惠方案倒數幾小時」，錯過就沒有這麼優惠的投資方案，使用戶沒有時間查證。

5. 讓你投資某種「新加密貨幣」稱未來可能有像比特幣的潛力。其實可能根本沒有這條區塊鏈或這個幣。

常見詐騙 3：假社群 / 官方

身為一個積極搜集資訊的幣圈投資者，有時候你會不小心加到（或是被人刻意加入）一個很像是某知名項目的官方社群，裡面有客服也有熱絡討論的群友。乍看之下沒有問題，但你不知道的是，他的社群、官方客服、甚至群友可能都是假的！在假的官方社群裡面，他們會討論或推薦你某種看似知名的平台提供的投資服務，而裡面的群友好像不乏已經藉此獲利的群友，殊不知他們都是暗樁！

前陣子網路上瘋傳的一篇 Medium 文章，標題是「是的，我被騙取了 10 顆 ETH」文章，就是一個血淋淋經典的案例。本文是一位網友自述誤入了假的「幣安智能合約客服」（根本沒這種客服存在），雖然他也是有經驗的幣友，甚至有看出其

中可能的貓膩，最後卻仍被騙走 10 顆 ETH（當時約值 50 萬台幣）。有興趣的朋友可以找一下那篇 Medium 文章看一下。**假社群和假官方類型詐騙的特色如下：**

1. 藉由群組類似官方的字眼，偽裝成知名平台的客服或群組。

2. 群組內大量機器人或是暗樁的對話，使受害者放鬆戒心。

3. 限時、限額的促銷與平台大放血活動，讓受害者更相信是自己剛好來得早才有機會，且沒有時間查證。

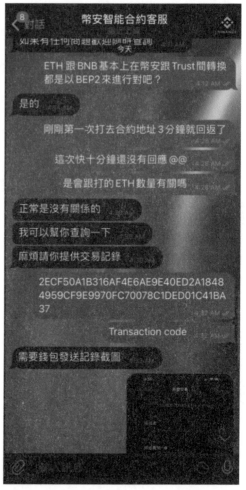

有模有樣的假幣安客服的詐騙對話。

圖片來源：〈是的，我被騙取了 10 顆 ETH〉

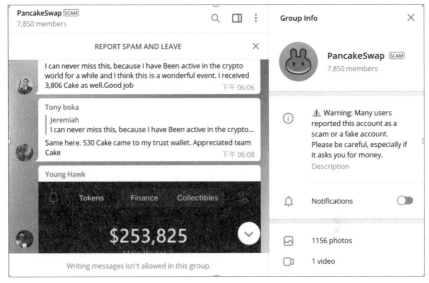

假的項目群

常見詐騙 4：資金盤（龐式騙局）

有時候你會發現身邊有不少人在討論某個新型態的投資，好像不少人真的賺到錢了，但這個投資的獲利原理好像也說不明白，大家做的事情就是分享這個投資機會而已。如果是這樣，你可能遇到的就是龐式騙局了。

龐式騙局不只存在於幣圈，幾乎只要跟投資扯得上關係就有它的身影。源自於 1920 年查爾斯‧龐茲（Charles Ponzi）設下的詐騙手法，龐式騙局這個詞現在泛指打著高額利息、保

本等說詞，透過「後金補前金」，而非正當投資的模式，吸引受害者資金源源不絕的進來的手法。時至今日，幣圈常聽見的資金盤、惡名昭彰的老鼠會都是龐式騙局的變種。

龐式騙局可怕的地方在於，所有已經加入的人都有非常大的誘因吸引新人帶錢入局，因為通常拉到下線，你的獲利就會更高，因此擴散的速度往往比其他詐騙模式快很多。而且你可能會看到很多人真的透過這個資金盤賺到錢，如果這個騙局持續延續，你的確有可能真的獲利，然而再縝密、規模再大的龐式騙局都有垮台的一天，到最後我們通常會發現自己就是那個最後一個加入，血本無歸的倒楣鬼。

一個龐式騙局可以用各種包裝來偽裝自己，某種新型態的加密貨幣、某個新的高報酬基金、新的投資 AI 策略等等。他們的共同處是類似的話術「超高報酬、一個月回本、本利全部可以拿回去、極低風險」等等，但卻說不出背後創造如此收益的機制。加密貨幣的盛行，讓他們更容易找到受害者難以辨識的話術，例如「我們這個是透過區塊鏈上的智能合約、AI 及大數據回測，在市場上創造高流動性的虛擬貨幣收益。」但其實，這些技術與看似高端的詞彙，也沒有印鈔機的作用，沒有可能帶來穩定又過高的報酬率。

資金盤和龐氏騙局的特色如下：

1. 散播快速，透過拉下線快速回本、獲利。

2. 表面上是極高報酬率的投資機會，實際上說不清楚背後的獲利機制。

3. 最後真正賺大錢的只有最早進場的少數幾個人，以及擁有流量的網紅、老師。

常見詐騙 5：授權智能合約詐騙

加密貨幣的投資有時候不僅僅是在交易所買低賣高，區塊鏈上的各種原生應用也是不少人選擇。例如去中心化金融 DeFi 平台就是透過智能合約，讓用戶可以直接授權錢包內的資金與平台進行互動。然而，有些不肖的開發者就是打著 DeFi 平台的旗幟，透過類似一般平台授權的過程，實際上卻在多數新手看不懂的地方加上額外授權內容，例如可以在非連結平台時也動用你的資金。

這種類型的詐騙有時候會與假的「空投」一併出現。例如用戶的錢包突然出現一筆巨額不知名的幣，並且只能在某某平台出售。此時，如果用戶連上該平台並授權交易那些代幣的

智能合約，就正中詐騙分子的下懷了。因此，如果錢包裡出現莫名其妙的幣，有時候也不要高興得太早，記得天下沒有白吃的午餐。

授權智能合約詐騙的特色如下：

1. 包裝成 DeFi 平台的智能合約授權介面，實則授權更多錢包權限。

2. 有可能會以假空投或是高收益投資的機會吸引受害者，可能搭配假的官方、社群來降低用戶戒心。

重要提醒：小心交友軟體的騙子

最後，我想跟讀者說，近年來，這些詐騙模式最常用的一種接觸受害者的方式，就是透過「交友軟體」。筆者聽過太多慘痛經驗，他們都是被「朋友」推薦使用某個交易所或加密貨幣平台投資。「朋友」用起來體驗很好，也都可以出金，但自己卻不能。細問之下，才發現這個「朋友」其實只是透過交友軟體認識的「網友」。那麼很顯然的，這位網友很有可能就是詐騙集團。你以為他推薦你投資管道，其實他只是團夥要詐騙你的本金。

3-2
幣圈詐騙案例分析

維卡幣：騙過全世界的傳銷幣

2014 年 6 月，一家名為 One Coin 的加密貨幣公司成立並迅速在全球範圍引起關注。創辦人露亞·伊戈納托娃（Ruja Ignatova）的履歷非常出眾，她是英國牛津大學法學博士、曾任職於著名管顧公司麥肯錫、還是保加利亞最大資產管理公司的執行長與財務長；人稱露亞博士（Dr. Ruja）的她與幾位商務菁英認為比特幣是一個老舊、有許多問題的加密貨幣，因此開創了 One Coin，一種號稱具有顛覆性和革命性的加密貨幣，將會成為未來世界使用率、覆蓋率第一的加密貨幣。

就像你不會讓沒考過駕照的孩子去開車一樣，要成為一

個最大的加密貨幣生態，你的用戶需要懂得投資之道。根據這個信念，One Coin 公司在前期要求所有會員購買 One Coin 教學包、參與課程，並且附贈將來可以在 One Coin 上市後直接兌換 One Coin 的代幣。比特幣的交易需要 10 分鐘才能上鏈並驗證，但 One Coin 是一種可以在全世界迅速交易的更好貨幣，它的技術背景使其交易負載量比 Visa 還高，利用區塊鏈技術，One Coin 會成為未來世界最完美的支付工具。

高階會員不但能夠直接得到專業投資人的經驗傳授、投資技巧，甚至你的 One Coin 會自己增值，根據公司計算，One Coin 正式上市後，最基本的行情至少會翻 2.5 倍，如果是最佳但合理推測，幣價一年可能翻 10 倍；此外，隨著參與者增加，項目方存有增量機制（Split），也就是你持有的 One Coin 會直接加倍，另外，依照你的會員等級，你會直接獲得可以兌換真實黃金的黃金代幣（Gold Coin），這些黃金是真實存在且存放於杜拜的金庫中。

露亞博士不但是頂尖大學博士、知名投行出身，也曾登上富比士雜誌封面，被封為加密女王（Crypto Queen），在這兩年間，她跑遍世界各地開投資高峰會，節錄影片還曾登上《經濟學人》雜誌的官網。這種全球知名人士推行的項目，在那個

比特幣正在復甦的市場你會願意賭一把致富機會嗎？至少全球高達 40 億（另一說 150 億）歐元資金是信了。

　　然而，光鮮亮麗的一場又一場高峰會、派對的背後，其實根本就沒有「One Coin」這樣的加密貨幣存在，更遑論任何交易價值；維卡學院會員們學習的「專業投資技巧」也不過是網路上可以免費下載的比特幣相關資料修改製作而成；唯一真的只有官方花錢打造的造勢大會、買來的公眾曝光，以及被避而不談的露亞博士曾被詐欺起訴的事實。

　　2017 年 10 月，露亞博士搭上前往希臘的班機後，從此消失於世人的眼中。這一場用區塊鏈、華服、名人、豪宅、精美的說明會包裝過的一夕發財的美夢就此破滅。至今，她的弟弟與幾位共謀仍在法庭審判上訴中，而世界上仍有許多砸下身家投資 One Coin 的受害者仍堅信露亞博士只是不便露面，仍在積極開發 One Coin，「只要法庭還沒判罪，一切有可能都是誣告。」

　　維卡幣是近期加密貨幣世界最大的傳銷、龐式騙局事件。儘管很少如此龐大的傳銷幣，但其背後的龐式騙局模型卻大同小異：向用戶販售某種商品，但這個商品不是重點，重點是你若是拉更多人進來，你的獲利就能倍增。當然，單純投資這個商品你也能獲利，只不過花得越多、賺得越快；此外，可以投

資的時限往往非常緊迫，就像限時拍賣一樣，這類型的銷售往往會故意設計成早點進場收益加倍，這讓用戶沒有時間好好思考甚至詢問身邊的人，就投錢下去。然而，就連維卡幣這樣龐大規模的資金盤都在兩年之內就隨著露亞博士消失而崩潰，多數龐式騙局甚至撐不到半年，最後也只能有最早期的投資人能獲利，獲利來源就是後面進來的本金了。

詐騙五大共同特色

1. **快速獲利**。幣圈的放貸收益普遍比傳統金融的行情高，但如果有人聲稱他們項目能給出 50% 甚至更高的快速獲利、低風險機會，基本上就非常危險；如果有人說轉帳多少資金，就立刻轉更多回去那就肯定是詐騙了。

2. **名額、時間有限**。詐騙的特色之一就是不給你時間想，利用「剩下幾個名額」、「剩下一天了」等話術哄騙你快點入金。

3. **講不清楚的獲利手段**。任何投資獲利背後都得有原因，如果是靠幣價漲幅，那就得承受幣價下跌的風險。講不出獲利手段的項目通常都很危險。

4. **拿比特幣出來吹噓**。詐騙項目很喜歡拿比特幣的成功

跟自己比較，尤其是傳銷幣。據筆者經驗，多數正當營運的幣圈項目會以介紹自己獨有的願景與應用為主，而非整天拿比特幣翻多少倍、自己的幣也可以等等。

5. **異常熱心的客服或推廣者**。除非這個人本來就是你生活中認識的朋友，不然一般陌生人誰有空跟你一對一講這麼多？即使他是項目方的員工，也沒可能跟你私聊這麼多，除非他們想賺的不是你投資的手續費或績效費，而是把你的本金整碗端走。

三招識破詐騙平台

1. Google。簡單的 Google 一下對方提供的平台名稱，基本上只要沒什麼網友討論、或是幾乎都是詐騙資訊，就代表這個平台不可信。

2. **問別人**。可以問我，可以在我的群組提問，也可以在其他許多正常的幣圈群組詢問。

3. CoinMarketCap。如果是不知名的幣有人推薦你投資，可以在這種加密貨幣資訊站搜尋看看有沒有那種幣的資訊。如果找不到，就不要冒這個險。

3-3
幣圈駭客事件介紹

　　說到投資加密貨幣最大的風險，那肯定是駭客攻擊了。作為一種新科技和新應用，再加上區塊鏈世界的匿名性，讓駭客攻擊事件相對其他領域十分猖獗。即使是幣圈當下最大的交易所或區塊鏈，也幾乎都有被攻擊過的經驗，也因此老手們常會建議，需要長期存放的加密貨幣還是選擇離線錢包（冷錢包），最為安全。

Mt. Gox 駭客事件

　　2014 年爆發的 Mt. Gox 遭駭事件可說是幣圈規模最大的交易所攻擊事件，直接導致了這個交易所始祖，曾經處理全網

70% 以上比特幣交易的龍頭交易所 Mt. Gox 破產清算，直到現在，仍有許多投資者還在等待法律的判決。根據執行長馬克‧卡佩勒斯（Mark Karpeles）描述，駭客有可能是從他接管交易所之前就駭入了交易所，並透過更改辨識系統，持續地從交易所中竊取加密資產。當時，總共有超過 80 萬顆用戶的比特幣遭竊，換算成當時幣價約 10 億美元（約 300 億元）。事件爆發期間，比特幣幣價也從 1200 美元直落至約 200 美元，對全球比特幣投資者影響巨大。

幣寶駭客事件

2019 年 7 月 12 號，日本加密貨幣交易所幣寶（BitPoint），宣布遭駭客入侵熱錢包，上千顆比特幣等共計 35 億日圓（其中 20 億是用戶資產）。影響所及，讓幣寶在台灣設立的分公司也停止服務，用戶不僅無法交易，連台幣帳戶都無法提領。在台灣幣寶的網站上，目前還可以看到官方的聲明，雖然台灣幣寶要求日本幣寶公司返還台灣客戶的資產，但因為跨國官司及陳情不易，目前還沒有成功返還。截至 2021 年，帳戶被凍結的台灣受害者都還在跟幣寶台灣公司打維權賠償官司。

以太坊 The DAO 事件

　　全網最大公鏈以太坊也曾受到一次極為嚴重的駭客攻擊事件。在 2016 年 6 月，以太坊上的去中心化自治平台 The DAO（the Decentralized Autonomous Organization）遭駭客入侵，盜取了約 370 萬顆 ETH，以當 ETH 一顆 20 的幣價來算，約合 7400 萬美元（約 20.7 億元）。這次攻擊讓為數眾多的以太坊參與者損失慘重，為此，The DAO 成員投票決定以「硬分叉」的方式，將區塊鏈的歷史返回到以太幣還沒被盜走的時間再重新驗證一條新的以太坊，以此回復到被攻擊前的狀態，使整起攻擊失效。

　　這個硬分叉在當時引起極大爭議，因為區塊鏈本來是不該可以竄改的，這次的分叉卻要在多數人同意的前提下首度打破不可竄改的教條。部分堅持不使用新分叉出去的以太坊的人，持續的驗證與維護舊有的以太坊，成為了現在的「以太坊經典」（Ethereum Classic，代號 ETC）。

　　從後見之明來說，得到更多人支持的、硬分叉出來的以太坊確實在現在擁有更多應用場景，幣價表現也更出色。分析師指出，2016 年就爆出以太坊鏈上如此大的漏洞攻擊也許是好事，確實在當時造成了傷害，但長期而言，這或許是必經的道路。

3-4
量子電腦危機：加密貨幣將毀於一旦？

　　根據 CNBC 2021 年 1 月一篇報導，標題是「用量子電腦來破解比特幣錢包可能會發生——但密碼學家正加速找出解法」[1]。儘管目前還是早期，但全球政府與各大企業如 Google 和 Microsoft 等都已經投入量子電腦的研發。坊間流傳，加密貨幣的「加密技術」在量子電腦的計算力面前根本就稱不上密碼，當量子電腦技術成熟後，加密貨幣就會迎來宿命般的毀滅結局。這個命運是真的嗎？如果量子電腦勢在必行，是不是代表我們已經可以預見加密貨幣崩潰的一天？

---

1 CNBC, 2021.06.10 Hacking bitcoin wallets with quantum computers could happen – but cryptographers are racing to build a workaround

量子電腦是什麼？

　　傳統電腦無論運算能力的強弱，都是靠控制積體電路 0/1 進行運算，而量子電腦的運算靠控制原子、分子的量子態。這一關鍵不同讓量子電腦在運算速度上可以超越現行最強的超級電腦數億甚至兆倍。不過，取決於本身可以同時控制多少量子位元，量子電腦的運算速度差距也可以很大。根據馬丁・羅埃特勒（Martin Roetteler）等人於 2017 年發布的論文[2]，比特幣的 SHA-256 加密算法需要一台超過 2500 量子位元的量子電腦才能攻陷。

　　目前已知最強的量子電腦，可能是 2021 年 7 月哈佛建構的 256 量子位元的量子模擬器。要知道量子模擬器與真正可運作的量子電腦並不相同，而一個能應用到實務上的量子電腦，除了運算軟體之外，硬體設備也是十分困難的工程

　　根據幾個科技大廠的「預告」，IBM 將在 2023 年開發出 1000 量子位元的量子電腦，並認為那會是商用量子電腦的開始；Google 則預告會在 2029 年推出 100 萬量子位元的「商用」

---

2 2017.01 .Quantum resource estimates for computing elliptic curve discrete logarithms

量子電腦。儘管量子電腦並非在所有應用場景都比一般電腦優秀，但在 AI、醫藥、金融等領域，可商用的量子電腦都被認為能帶來跳躍性的成長。也因此，各國現在積極發展各自的量子技術，試圖佔得「量子霸權」。

量子電腦如何摧毀比特幣？

當談及量子電腦對比特幣網路的威脅，一般人最擔心的或許是下列兩種場景：

1. 量子電腦強大的算力將會破壞 PoW 共識機制的平衡。在其他人沒有同樣設備的情況下，量子電腦可以霸佔整個挖礦系統，成為全網唯一礦工，從根本上掌握鏈上所有話語權，讓比特幣失去其去中心化本質。

2. 量子電腦可以直接竊走你的私鑰。目前的加密貨幣錢包之所以安全，就是因為非對稱加密技術能保證僅憑公鑰（錢包地址）是無法直接推導出私鑰的。因此，除非能夠潛入你家偷看你抄寫助記詞的本本，駭客要竊走你的私鑰就只能一個位元一個位元去湊，由於私鑰是由多達 256 個 0、1 位元組成的數列，可能性多達 2^{256} 種，傳統電腦得花上千萬年才湊得出，

而量子電腦卻能瞬間破解。

為什麼專家並不擔心？

1. **「比特幣殺手」級別的量子電腦還早得很。** 雖說 IBM 預告將在 2023 年就出產多達 1000 量子位元的量子電腦，但事實上多控制一個量子位元就不是容易的事。有專家表示，「最快」能出現威脅比特幣網路的量子電腦也得再八到十年。而且那是最快，一切的研發都按照預期的發展的情況。換句話說，加密貨幣產業還有十幾年以上的時間可以研究如何對抗量子電腦，包括「量子安全」的加密算法、能對抗量子電腦的共識機制等等。

2. **抗量子算法。** 量子電腦的問世不只對加密貨幣產生威脅，且這個威脅早已備受重視。美國國家科學技術研究院（NIST）一直以來都在發展全新的加密技術，提前預防量子時代的威脅。根據知名幣圈風投 Castle Island Ventures 共同創辦人尼克・卡特（Nic Carter）的說法，2024 實現「量子安全」的加密算法就能問世，這比預計的量子電腦威脅到來時間要早許多。

此外，抗量子電腦也是以太坊基金會一直以來關注的發展之一。以太坊創辦人維塔利克（Vitalik Buterin）就曾在 2019 年的 Forkast News 採訪中表示：「量子電腦確實能攻陷一些加密算法，但並非所有加密算法……我們已經有升級的藍圖，我們也知道該怎麼實現它。」

　　量子力學的發展雖說潛力無窮，但要將理論化為真正可以運轉的量子電腦的困難常常被社群低估。除了能運作上千量子位元的硬體還只存在於理論中，現在也還沒有出現能破解 SHA-256 的演算法。引此，量子電腦作為社群間常常恐慌的一個威脅，或許是大家心中對它的不瞭解而加大了恐懼。

3-5
USDT 危機：大到不能倒？

　　想要投資加密貨幣市場的讀者們，第一個要搞懂的是比特幣，而第二個要認識的幣種，就是 USDT 了。USDT（USD Tether，泰達幣）是加密貨幣服務商 Tether 於 2014 年發行，也是全世界第一個價格錨定美元的穩定幣（Stablecoin）。

　　時至今日，USDT 不但是歷史最悠久、市值最大的穩定幣，同時也是發行在最多區塊鏈的加密貨幣，包括了比特幣（Omni）、以太坊（ERC 20）、波場（TRC 20）、幣安智能鏈（BEP20）等鏈。同時，它曾長期在超過一萬種加密貨幣中市值排行第三，僅次於萬幣之首「比特幣」與智能合約龍頭「以太坊」。

　　由於法幣與機加密貨幣之間的兌換較為繁瑣，許多投資

人與交易員在賣出比特幣時，通常是直接選擇持有 USDT，而非換回本國貨幣，以方便下一次的進場。因此，無論從市值、使用率和影響層面來說，USDT 在現今的幣圈都已經是牽一髮動全身的存在。然而，這樣重要的幣，為何卻是眾多人口中的幣圈灰犀牛？

# ▲	名稱	價格	24h %	7d %	市值 ⓘ	交易量 (24小時) ⓘ	流通供給量 ⓘ
☆ 5	Ⓣ Tether USDT	$1.00	▲0.09%	▲0.11%	$68,107,288,703	$101,638,470,436 101,544,126,858 USDT	68,044,069,675 USDT
☆ 8	Ⓢ USD Coin USDC	$1.00	▲0.09%	▲0.05%	$32,479,602,945	$3,455,271,660 3,453,963,700 USDC	32,467,308,106 USDC
☆ 13	◈ Binance USD BUSD	$1.00	▲0.11%	▲0.08%	$13,068,095,259	$8,506,109,578 8,500,509,914 BUSD	13,059,492,391 BUSD
☆ 32	Ⓓ Dai DAI	$1.00	▲0.15%	▲0.09%	$6,482,390,463	$499,301,163 498,728,199 DAI	6,474,951,714 DAI

穩定幣市值前四名，USDT 長居龍頭，2021 年 10 月流通量超過 680 億美元。
來源：CoinMarketCap

USDT 使用場景

作為市值最大的穩定幣，USDT 在現在的幣圈就像是美元一樣的存在。幾乎所有交易所的期貨合約都以 USDT 為結算單位；幾乎所有中心化交易所在上架新幣的時候，都會上架該幣與 USDT 的交易對（如近期幣安新上架的 RARE，RARE/

USDT 交易對）；由於它的普遍（泛用）與穩定性，許多使用加密貨幣的交易、支付或轉帳，都會使用 USDT。也因為這些原因，最多加密貨幣投資平台提供的服務標的就是 USDT，如各式 USDT 放貸、定存、量化投資等等。可以說 USDT 就是現在加密貨幣市場的基礎結算貨幣也不為過了。

USDT 成為灰犀牛的理由

穩定幣之所以能夠使幣價錨定美元有幾種方式，包括「真實美元擔保」、「其他資產擔保」、還有「供需彈性（俗稱算法穩定幣）」。USDT 使用的方式是「真實美元擔保」，也就是說，Tether 公司每對外發行一顆 USDT，他們就要在公司金庫中存入一塊美元，並且當用戶拿 USDT 到 Tether 公司面前，他們必須以一比一的價值還用戶真實美元。

然而實務上，Tether 一開始並沒有主動與會計師事務所合作揭露公司的美元儲備，而是幾乎在用戶的強烈要求下，才於 2019 年首次公開了公司內的美元儲備，並承認公司只有 74% 的美元儲備。

並且，在 2020 年 Tether 將 100% 美元擔保的條款，改為

100% Tether 資產背書。也就是說，Tether 公司不再需要為每一個發行出去的 USDT 儲備一顆美元，而是可以將公司持有的債權等資產也視為擔保內容。在 2021 年 5 月資產透明報中，可以看出 Tether 的美元儲備僅剩 3% 左右。主要的資產儲備為商業票據（Commercial Paper）、信託存款（Fiduciary Deposits）等等。

在沒有完全的現金支撐，而是以類似投資部位的其他資產型態作為 USDT 的背書，如果加密貨幣市場發生意料外的震盪、或 USDT 自己的投資出現嚴重壞債與虧損時，再加上坊間時有關於 Tether 不法行為的謠傳（儘管其中多數為不實指控），可能會無法實現 1 USDT 等值一美元的承諾。屆時如果 USDT 持有者紛紛擠兌，就像銀行受到擠兌那樣，可能會造成難以預料的連鎖反應。由於這種危機並非完全難以預料，市場上稱其為「灰犀牛」：你看得到它，你知道它可能會造成危險，但你只是不知道何時發生。

USDT，大到不能倒？

儘管 USDT 沒有完整美元擔保已經是公開的事實，但我們也知道 USDT 幣價在過去幾年持續表現穩定。即使在 Tether

首次公開僅 74% 美元儲備時市場一陣譁然，幣價也沒有一路下跌到 0.74 美元，反而是微微震盪後便回歸一美元。這可能跟市場預期 USDT 已經「大到不能倒」有關。因為 USDT 作為結算本位，它的存亡最直接影響的就是那些中心化交易所，而這些交易所絕對會無所不用其極的保住 USDT 的地位，至少在下一個能夠接下 USDT 重擔的穩定幣出現之前，USDT 的存亡就非同小可。知名交易所 FTX 創辦人山姆（SBF）就在推特說道：「USDT 換不回美元⋯⋯這有點好笑。我不知道該怎麼說，它當然能換回美元。這是我們一直在做的事情。」

　　理論上，只要市場上仍相信 USDT 價值等同美元，沒有擠兌的事件發生，那麼即使 Tether 公司沒有十足的資金擔保也不會怎麼樣。然而，我們都經歷過 2008 年金融海嘯，如果連全球前幾大的投資銀行雷曼兄弟都可能倒，Tether 處在加密貨幣這個新興、波動劇烈的產業，背後存在的風險仍是我們該留意的。

USDT 倒了會如何？

　　姑且不論它總市值高居所有加密貨幣的前三名，光憑

USDT 結算貨幣的地位，許多幣圈人擔心 USDT 垮台的那一天，會讓整個加密貨幣市場面臨浩劫。事實上，這也是有可能的。因為 USDT 的方便使用，確實讓幣圈投資更加容易，也間接讓整個產業的發展加快。而 USDT 如果在短時間內快速消失，不但原先受惠於其方便性的交易與轉帳等運作可能受到打擊，更重要的是它作為結算貨幣，許多還在定存的 USDT 無法領出會造成許多損失；在永續合約市場中作為保證金的 USDT 可能被一舉清算；抵押品以及其他衍生性金融商品也會一層連著一層，2018 年從次級房貸滾出的金融風暴或許真的會在加密貨幣市場發生。

然而，各位讀者也不用太緊張。如果是在幾年前 Tether 垮台，確實可能會造成嚴重的後果。但現在我們有 USDC 和 Dai 可以用。尤其 DeFi 幾乎都是這兩種幣，所以 DeFi 世界還好，中心化交易所會短期出事，但長期而言，USDC 近幾個月的發展神速，可以期待它快速接下 USDT 的棒子。

當然，現在的各種衍生性金融服務中的連動影響還是存在，但短期清算後，長期而言幣市的重建並不會很困難。甚至可以將這樣的危機是為轉機，因為此後我們使用的將會是更加安全、透明的 USDC、Dai 或是其他穩定幣為大宗了。

3-6

泡沫危機：比特幣是十七世紀鬱金香嗎？

　　眾所週知的鬱金香狂熱（Tulip Mania）發生於十七世紀的荷蘭。鄂圖曼土耳其帝國將鬱金香引進荷蘭之後，迅速在荷蘭境內造成轟動與搶購，導致價格瘋狂飆高。而這樣的現象也沒有持續太久，1637 年 2 月這陣狂潮在市場找不到更多願意出高價的買方後就迅速消散，僅留下少數的暴發戶與破產的荷蘭民眾。這個事件也被視為歷史上第一次泡沫產生。

　　比特幣從初露頭角至今的十餘年來，儘管幣價長期來說都是上漲，將它比喻成鬱金香狂熱、甚至是史上最大的泡沫事件的觀點數不勝數。作為一個理性的投資人，我們除了了解比特幣有哪些可能上漲的優勢，也要知道它可能會跌的理由，這樣才能在資產配置時有做出最好的選擇。以下列舉幾位政治、

經濟、商業界大佬對於比特幣泡沫與價值的觀點，給讀者做一些參考。

巴菲特：我沒有任何一枚比特幣，未來也絕不會有

股神巴菲特（Warren Buffett）是比特幣的反對者最喜歡引述的一位商界大佬了。他曾在 2014 年公開抨擊比特幣，說它無法成為交易媒介，也沒辦法長期保值，其副手蒙格（Charlie Munger）更是稱比特幣與人類文明背道而馳。

然而，巴菲特自己對比特幣的態度實際上是漸漸改變，從過去將比特幣形容為貝殼般毫無用處，到後來回應詢問時（2021 年股東會）變成「我不予置評」；再到 2021 年的 6 月份，巴菲特的投資公司波克夏（Berkshire Hathaway）宣布投資巴西的 FinTech 公司 Nubank 五億美元，要知道這間公司是一家正在推行比特幣 ETF 的公司！儘管這不代表巴菲特終於認可比特幣的價值，但從他堅定抨擊到入資 Nubank，不難看出他對比特幣的立場是逐漸放軟。

彼得・希夫：
比特幣有可能一度漲到十萬，但不可能不歸零

　　彼得・希夫（Peter Schiff）是一位證券經紀人，因為預測到 2007、2008 金融海嘯而聲名大噪。希夫同時也是黃金的超級擁護者，相對於言，他對號稱「數位黃金」的比特幣就不是那麼認同了。他認為黃金不但有如珠寶和工業等實際用途，更有人類幾千年來對其的信賴做背書；反觀比特幣只是一串數字，而且短短幾年就因為炒作而水漲船高。「如果你不喜歡賭博，那還是買黃金吧。」根據希夫的觀點，虛擬貨幣、美股和美元現在都是泡沫，因為美國大印鈔的關係，這三者才能維持目前的價格。

克魯曼：或許比特幣是個能永遠存在的邪教

　　諾貝爾經濟學獎得主克魯曼（Paul Krugman）和許多經濟學者一樣，不喜歡比特幣。他將加密貨幣描述成龐式騙局，而龐式騙局最需要的就是花言巧語，加密貨幣支持者總是很擅長用「技術革新」等難懂的話讓外來者陷入其中。

然而，他說即使比特幣從 2009 年就出現了，但每當他在聚會中向比特幣倡議者詢問「比特幣究竟解決了怎樣的需求？」卻總是沒有人能給他答案。

　　但是，儘管他對加密貨幣存疑，他並不認為比特幣市場一定會崩盤。他認為就像黃金一樣，比特幣也是無法創造額外價值的資產（這一點跟巴菲特有些類似），但黃金就能長久以來仍被人重視。因此，即使加密貨幣就像個邪教一樣，他認為「也許會有一兩個能夠長期存在的加密貨幣。」

葉倫：要特別關注的是非法交易領域

　　美國前聯準會主席葉倫（Janet Yellen）作為貨幣與財政官員，對於加密貨幣的投機與非法性質最為關切。她曾在 2018 年表態認為比特幣「毫無用處」。而近兩年來，她的觀點有所改變，從認為比特幣一無是處，變為「安全性堪慮」。她認為比特幣對投資人與市民都可能構成威脅，因為這不但是種沒有效率的交易方式，更可能被用於非法融資、高度投機的投資等等。政府應該制定嚴格的規則規範相關投資與交易。

凱薩・琳伍德：
我們正處於歷史首見的高速科技發展時期

　　以投資高科技股與比特幣聲名大噪的女股神凱薩琳・伍德（Cathie Wood）觀點與前述幾位不相同。她不但是比特幣的擁護者，對於股市的大多頭也不將其視為泡沫。她認為現在的科技發展快速到過去完全難以比擬，而加密貨幣的創新更是歷史首見。這認為包括比特幣、特斯拉股票等資產的瘋狂漲勢來自經濟學中著名的「創造性破壞」，鎖定正確有未來性的資產，會是科技快速革新的今天最重要的投資原則。

Part 4

進階幣圈投資：
放大獲利的 7 種策略

投資加密貨幣的方法持續進化中，除了單純的買
幣賣幣，還有更多放大獲利的新玩法

幣圈策略一：長期持有

　　投資加密貨幣與股票類似，投資人可以透過基本面、技術指標、籌碼動向等市場訊息判斷幣價走勢，低價買進、高價賣出賺取價差。然而，除了日常追蹤漲跌訊號，幣圈也存在許多交易工具與策略可以幫助你放大獲利。

　　本篇介紹的有些策略在傳統金融也用得上，有些則是幣圈獨有。這些策略沒有哪個更好，只有哪個更適合你。讀者可以根據自己的投資屬性與風險偏好選擇適合的策略，多樣化投資以分散風險當然也是十分合適的。第一個幣圈策略，就是最常見也最簡單的「長期持有」（Buy and Hold）。

入門難度：★☆☆☆☆

獲利程度：★★★★☆

風險程度：★★★☆☆

適合對象：價值投資人、長期投資人、幣圈信仰者。

　　早在 2011 年，中國網站「知乎」上從有一位大學生向網友尋求投資建議，他說自己是大三的學生，手中有六千塊人民幣不想放在銀行，該怎麼投資？一位網友當時回答「買比特幣，保管好錢包，然後忘掉這件事，五年後再回來看。」恐怕沒人能想到，這個在當時沒引起什麼討論的回覆，竟然能為這位大學生在五年後賺進 200 萬人民幣——如果他當時照做的話。

知乎用户
加入区块链公司，保存好理想，然后忘掉房价与通胀，五年后再看看。我们正在招人。
47,367 人赞同了该回答
买比特币，保存好钱包文件，然后忘掉你有过6000元这回事。五年后再看看。
发布于 2011-12-21

▲ 赞同 4.7 万　▼　💬 11,151 条评论　✈ 分享　★ 收藏　♥ 喜欢

2011 年知乎網友給的比特幣投資建議

長期績效

事實上，如果這位同學在五年後（2016 年）清空他的比特幣資產，在當時絕對能視為一筆成功的投資。但我們都知道比特幣後來又發生了什麼——牛熊一輪過去，當時的 200 萬他如果能握住不賣，2021 年他已經成了身家 9 位數的億萬富翁。

長期持幣（Buy and Hold）乍聽之下不難，畢竟它不要求投資人選出最好的幣、最好進場點，也不用花時間盯盤。然而，正是加密資產的高波動性、高話題性的讓這件事變得不容易。事實上，大部分比特幣投資人儘管都對區塊鏈的未來有信心，但卻很少有人能長期握住不賣的。這主要是源自於加密貨幣市場前無古人的高波動性，讓任何理性投資人無法不在某個時間點停利或止損。跟傳統金融市場相比，以股市為例，根據 Trading View 的資料，2016 年 9 月 25 號到 2021 年 9 月 25 號，台股大盤過去四年僅出現過 5 天當日漲跌幅超過 5%，而比特幣光是**過去一年就有超過 68 天的當日漲跌幅超過 5%**，更遑論其他小市值加密貨幣了。跟股市的落差都這麼大（2020 年 9 月 25 日到 2021 年 9 月 25 號），更遑論那些以債市、外匯為主的投資人轉戰幣圈會多麼難以適應。幣圈套牢高點的故事很

多，砍在阿呆谷、在起漲點就賣光的故事更是屢見不鮮。

從歷史數據來看，在 2016 到 2017 年加密貨幣市場上一次「泡沫化」的期間任何一天買進比特幣，即使你運氣比全世界都差，買到當時的高點 19,000 美元，只要你堅持持幣，也不用堅持太久，在 2021 年上半年就能找到翻 300% 以上的出場機會；即使你沒能在高點出逃，在幣價回檔後的今天才想起來出場，至截稿為止也是超過 100% 的漲幅，年報酬超過 30%。

HODL

如果你在幣圈社群待久了，一定常常看到有人故意將「握住」幣的英文 hold 拼錯成「hodl」，用來表示他堅決不賣幣的態度。這個可愛的小錯誤最早源自 2013 年，一位網友 GameKyuubi 在比特幣論壇 Bitcointalk 上一篇「我將持續持有」（I am hodling.）文章標題的拼寫錯誤。該篇文章用一種絕望地口吻說道「你們都是擅長抄底、逃頂的投資大師」、「只有我每次一買就跌、一賣就漲」、「我放棄了，我決定握住我的比特幣不賣出，這樣你們就沒辦法打敗我了」。後世也證明，他的 HODL 投資法確實成為幾年間無可匹敵的策略。這個小

故事後來成為許多比特幣投資人茶餘飯後的話題，HODL 也就流傳成為幣圈人強烈信念的代名詞了。

價值投資

　　儘管股神巴菲特並非比特幣的支持者，長期持幣卻與他的價值投資概念不謀而合。兩者皆看重選擇正確的投資標的，並隨著時間過去自然能從該標的賺取他的價值成長（見第一章）。因此，投資人在選擇 HODL 的幣時，需要特別注意的不是短期內幣價表現如何，而是這種幣是否擁有長期發展的前景。因此，市值較高但已經有大量應用落地的幣如比特幣和以太幣往往會是優先的選擇。套一句巴菲特的經典名言，那就是「用一個不錯的價格買進一種完美的幣，遠遠勝過用一個完美的價格買進一種不錯的幣。」

為什麼你需要一個「冷錢包」？

　　長期投資，意味著你必須要把加密貨幣存放個五年、十年，甚至更久，這時候你可能會擔心如果將幣存放在交易所會

有倒閉和被駭客入侵的風險。許多人會推薦長期持幣者將加密貨幣存放到「冷錢包」或是所謂的「離線錢包」，以避免網路世界的各種風險。廣義來說，你用手寫的備份助記詞紙片或是一台不連網的手機或電腦，都是冷錢包。專業「冷錢包」則是一種類似硬碟、USB 隨身碟的實體裝置，儲存在冷錢包的加密貨幣由於是不連網的，因此理論上只要你的那個實體錢包沒有被小偷闖空門搶走，你的加密貨幣資產就是最安全的狀態。目前比較知名的專業冷錢包品牌有 Ledger（ledger.com）和 Trezor（trezor.io），價格大概都在一百多塊美元左右，有興趣的讀者可以直接去官網購買。注意，不要和網路上來路不明的買家交易冷錢包，因為有可能會被植入惡意軟體導致資產損失。

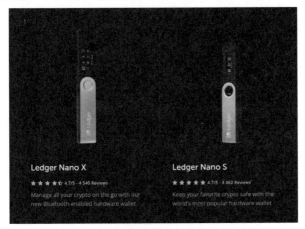

知名的冷錢包 Ledger

長期持有的策略要領：

1. 選擇市值較高，長期表現優異的幣如比特幣（BTC）、以太幣（ETH）、幣安幣（BNB）。

2. 佛系心態：不看盤、不賣幣，時間到了，奇蹟自然會來。

3. 將你的幣放到冷錢包，可以避免交易所或是電腦被駭客入侵而比特幣遭竊。

4-2
幣圈策略二：合約交易

入門難度：★★★★☆

獲利程度：★★★★★

風險程度：★★★★★

適合對象：短線交易、技術分析投資人。

如果你覺得長抱比特幣會睡不安穩；如果你過去曾憑著技術面和籌碼面分析在股市叱吒風雲；如果你認為市場有好有壞，除了買進策略，也該適時進場做空；如果你覺得交易就是要加點槓桿才有感，那麼加密貨幣的合約交易（Futures Trading）或許是你最有力的武器。

什麼是「永續合約」？

合約交易全稱為「永續期貨合約」（Perpetual Futures，後簡稱永續合約或合約）是一種流行於加密貨幣交易所的衍生性金融商品。它參考了傳統金融中「期貨」的概念，並去除了結算日（交割日）的制度，成為一種理論上可以永遠持有的投資部位。儘管可以持續持倉，一般的合約交易投資人不會將合約留過夜，因為其槓桿屬性與加密貨幣的高波動性使你很容易一覺醒來驚覺被強制平倉（俗稱爆倉）。因此，合約交易常常被幣圈人用來作為「當沖」的交易工具。永續合約之所以熱門，主要原因有以下四點：

1. **允許做多與做空。**永續合約與期貨相同的保證金交易制度，讓投資人可以不先持有現貨就能做空市場，使交易員操作更加自由。

2. **支援高倍率槓桿。**幣圈人都是瘋子，交易比特幣還很愛開十倍甚至更高的槓桿。

3. **手續費較低。**合約交易不用真正買賣現貨，且交易手續費通常比現貨交易低，適合短進短出的快速交易者（Fast Trader）。

4. 對沖風險。對於持有比特幣現貨的投資人，可以不必賣出比特幣部位，而是透過在合約市場做空來對沖短期幣價下跌的風險。

永續合約交易教學
影片

合約交易原理

就像現金交割的期貨一樣，合約交易並非實物買賣，而是投入保證金並透過預測幣價上漲或下跌並從中獲利，預測上漲就做多、預測下跌就做空。舉例來說，假設現在 XRP 幣價為 1 美元，而我看好 XRP 未來的表現，此時手中有 100 USDT 的資金想投入 XRP 交易的我，就可以選擇以下兩種方式：

1. 現貨交易：直接用 100 美元買進 100 顆 XRP。

2. 合約交易：用 100 美元當作保證金，開 5 倍槓桿，做多 500 顆 XRP。

假設 XRP 上漲 10%。我在 1.1 美元的價位出售手中所有 XRP 部位。如此一來，我的盈虧狀態分別為：

1. 賣出 110 美元等值 XRP，獲利 10 美元，合計獲利

10%。

2. 平倉 500 顆 XRP 的合約部位，現值 550 美元，獲利 50
美元，合計獲利 50%。

憑藉槓桿的力量，我硬生生賺了市場正常獲利的五倍。
但可別以為合約交易就是獲利機器，讓我們看看下一個情景：
假設 XRP 下跌 10%。我在 0.9 美元的價位出售手中所有 XRP
部位。如此一來，我的盈虧狀態分別為：

1. 賣出 90 美元等值 XRP，投資 100 美元虧損 10 美元，
損益為 10%。

2. 平倉 500 顆 XRP，現值 450 美元。虧損 50 美元，損益
為 50%。

任何投資都是一樣的，多一分報酬率就多一分風險，尤其
是槓桿交易更要以風險為優先考量而非獲利，才能長久的獲利。

爆倉與插針

由於幣圈合約交易通常意味著高倍率槓桿，「爆倉」與

「插針」是不可不提的概念。爆倉就是期權交易中的「強制平倉」，當合約部位浮動虧損來到 100% 時，視同「你的保證金已經賠光」了。那這一個合約部位就會被迫讓交易所幫你全部賣出，就像倉位爆了一樣。如果你是開 20 倍槓桿比特幣做多合約，那麼只要比特幣跌 5%，5% × 20 ＝ 100%，你的保證金就不足以支撐這個合約繼續運行，就會爆倉了。

「插針」是合約交易者的噩夢。它是指幣價 K 線圖上會出現一根長長的上影線或下影線，這代表幣價在當時迅速飆漲或崩跌，又快速回檔或反彈。假設你的 20 倍合約其實方向做對了，幣價最終上漲，但幣價在上下震盪的過程中一度跌及 5% 觸及你的「強平」價格，那麼即使後來幣價有漲回來，只要這跟針有插到那個價位，整個倉位還是已經爆了，不會因為後來幣價漲回來而補回損失。

技術分析

人們常說股票投資有三大面向要關注，分別是基本面、籌碼面和技術面。其中，對於講求快速進出的合約交易員而言，最愛用的當屬技術面分析了。所謂的技術分析，指的是透過研

究市場過去的幣價波動、成交量等尋找出幣價漲跌的規律。基於「歷史雖不會重複，但會押韻」的信念，透過過去的幣價走勢圖歸納出能預測未來走勢的指標。

由於三大面向中，唯一最能把經驗與技巧無痛從股市搬來幣圈操作的就是技術分析，再加上基本面的消息通常是提早反應或是延後反映在幣價上，不適合用於快速進出的操作。種種原因都讓對於價格波動特別敏感的合約交易員鍾情於技術分析，裸 K、亞當、布林通道、維加斯通道等流派都各自有其愛好者。只要交易員能恪守止盈止損的紀律，多數技術指標都能很好地輔佐交易。

合約操作的策略要領：

1. 嚴格設定止盈止損。高倍率合約不放過夜。

2. 善用技術分析找到短線幣價動向。

3. 可利用合約對沖現貨部位的風險。

幣圈策略三：量化交易

入門難度：★★★☆☆

獲利程度：★★★★☆

風險程度：★★★☆☆

適合對象：交易紀律欠佳或沒時間自己操盤的投資人

　　文藝復興公司（Renaissance Technologies）是全球知名的對沖基金公司，管理超過 1300 億美元資產（2021 年 1 月）。其中表現最突出的一檔資金 Medallion Fund 更是在 1988 年到 2018 年，長達 30 年平均年化投資報酬率高達令人吃驚的 39%。能做到這種長期績效，文藝復興的創辦人西蒙斯（James Simons）畢生信奉的投資信條就是「量化交易」（Quantitative

Trading），文藝復興也被視為量化基金公司（Quant Fund）的代表。

量化交易是指透過大量歷史數據回測，分析出具有交易優勢的策略，並透過機器人自動化執行的交易方式。比起其他華爾街公司喜歡用各種金童構思各種華麗的策略，西蒙斯更相信精準的數學模型才是投資領域致勝的不二法門。

量化交易優勢

文藝復興的成功，也讓量化交易成為近年來市場上的顯學，許多資產管理平台都有透過程式回測歷史數據，並利用機器人輔助下單的交易策略。加密貨幣市場也不例外，除了有回測、分析市場能力的交易員可以藉由量化交易輔助投資，幣圈新手也能透過提供交易機器人的平台或交易所進行簡單的量化交易。由於量化交易有以下這些優勢，在幣圈社群十分受到歡迎：

1. **策略多元**。不同的交易機器人可以執行不同的策略，對於看多、看空、想要賺震盪價差、想要賺資金費率的投資人可以各取所需。

2. **節省看盤與操作時間。** 由機器人協助盯盤與下單，讓投資人剩下時間好好吃飯、好好生活。

3. **避免人性誤區。** 難以遵守紀律、喜歡追高殺低的人性一直以來都是交易之大敵。機器人沒有這項弱點，可以完美的執行事先規劃好的投資策略。

4. **24 小時運作。** 由於加密貨幣市場是一年 365 天、一天 24 小時全年無休的市場，機器人不用休息的特性使交易員可以透過量化工具的輔助，在睡覺時也能持續進行交易。

常見的「量化機器人」類型

1. 網格交易

綜觀各種金融資產價格的走勢，無論是股市、基金……甚至是加密貨幣市場，你會發現很少有直線向上或直線向下的走勢，無論牛市或熊市，大部分時間幣價都是上下震盪。既然如此，在其他人忙著追高殺低的時候，我們何不遵循歷史規律，在幣價走高時分批獲利賣出，在幣價走低時分批進場抄底？網格交易就是基於這種邏輯建構出的一種策略。

網格的原理就像字面上的，它將幣價切割成一格一格。

投資人需先配置好兩種資產，例如一部分的 BTC 和一部分的 USDT；每當 BTC 上漲時，每次觸及一格，機器人就幫你賣出一點 BTC；當 BTC 下跌時，每觸及一個格子，機器人就幫你買進一些 BTC，以此實現在上下波動的行情中賺取穩定的買賣價差收益。網格交易在幣價上漲時能平穩獲利，在幣價下跌時能分批低點買回比特幣，屬於相對平穩的投資策略，受到許多新手投資人的喜愛。然而，需注意的是如果買到幣價下跌一去不復返的幣，仍會蒙受嚴重損失，並非有波動的市場就一定能夠獲利。

網格交易是一種我們能自己手動操作的交易策略，但**這種邏輯簡單、操作繁瑣的交易策略，特別適合寫好參數便交給機器人去跑**，這也是為什麼多數投資人使用網格交易策略時都是直接用量化機器人運作。

網格交易影片

2. 期現套利

期現套利是加密貨幣市場獨有的投資策略，它是一種透過永續「期」貨合約與「現」貨之間套保，對沖掉幣價波動的特性後，穩定賺進「資金費率」的套利方式。

資金費率是一種永續合約的衍生費率。由於永續合約沒有到期日，為了避免期貨價格與現貨價格脫鉤，每八個小時需計算一次當下的期貨、現貨價差：如果期貨價格高於現貨，說明做多的比例高於做空，資金費率為正數，則持有做多合約的用戶需要支付一筆費用給持有做空合約的用戶，反之亦然。這筆費用就是「資金費率」，是一種用來平衡多空比例，使期貨價格與現貨價格長期趨於一致的機制。

綜觀各大交易所的歷史數據，資金費率長年來幾乎都是正數，這說明合約市場長期都是多方的比例高於空方，也說明長期以來，持有做空合約能持續且穩定的賺進資金費率。

這就是期現套利機器人發揮作用的時刻了，考量到單純持有一個做空合約可能會在幣價上損失，期現套利的策略會幫用戶同時在現貨市場買進同樣多的現貨，在期貨市場開同樣多的空單。這樣一來，幣價的漲跌兩邊就會抵消，金融術語稱為對沖。而對沖掉幣價漲跌後，剩下來給投資人的就是持有做空合約，每八個小時會計算一次的資金費率了。換句話說，只要合約市場長期持續保持多投比例更高，期現套利就能成為一種極低風險的每八小時收穫一次資金費率的策略。

比起有賺有賠的投資模式，期現套利更偏向穩定收利息的

放貸策略。當然，在行情不好時，資金費率如果是負值，期現套利機器人可能會發生虧損。但反過來說，在行情極度樂觀時，期現套利可以低風險賺進相當可觀的年化報酬率。

期現套利解說影片

3.DCA 機器人

DCA 是一種類似網格交易的策略，但更加積極。DCA 是「平均成本法」（Dollar Cost Average）的縮寫，意思就是在網格交易的策略中，每次幣價下跌時，進一步加碼買進更高的倉位，更高效率地「攤平」當初較高點為進場的成本。DCA 機器人比起一般網格交易的優勢在於回本速度更快、在波動上漲的市場獲利更高；缺點是需要先準備更高的本金來滿足幣價持續下跌時，能有足夠的資金來維持策略運作，並且和網格一樣，如果買到一路下跌的幣仍會血本無歸。

與網格交易相同，DCA 策略可以自己手動操作（事實上，許多人都有這種下跌攤平的投資經驗吧！）但佐以量化機器人，我們可以更嚴格且明確的制訂下跌多少時、加碼多少的比例，並且可以提前確認對於下跌幅度的最低承受點位並設定止損。當然，參數的設定上會比一般網格來得繁瑣，但其積極抄

底、追求更快獲利的交易邏輯也使 DCA 成為不少投資人最愛用的策略。

4. 其他策略

　　量化交易其實就是幫人遵守交易紀律下單的機器人，各家量化平台都有其特色的交易策略。有的機器人會幫用戶追蹤技術指標，有的機器人能幫用戶追蹤市場上最優惠的放貸收益等等。值得注意的是量化交易不是萬靈丹，一種預期獲利更高的機器人風險勢必也會更高，一種更穩的交易策略則相對獲利就有限。坊間有不少假冒量化交易、交易機器人的詐騙平台，讀者們應審慎評估各家交易機制與收費、平台安全性等再進行投資。

　　量化交易的策略要領：

　　1. 慎選平台。詐騙分子最常偽裝的就是 AI、機器人等服務商，投資前須再三確認平台安全性。

　　2. 了解不同策略適合的市場、行情與風險。

　　3. 分散投資，不要全押在同一種策略。

4-4

幣圈策略四：放貸收息

入門難度：★★☆☆☆

獲利程度：★★☆☆☆

風險程度：★★☆☆☆

適合對象：所有人、風險趨避投資人

　　如果你屬於穩健型的投資人，不喜歡將主要的投資部位放在比特幣、以太幣等震盪較大的資產上，但又不想錯過加密貨幣的巨大潛力，何不試試放貸呢？市場上永遠有願意支付利息去融資，進而追求更高報酬率的風險愛好者。我們大可以將資金出租給他們，讓別人去承擔市場的風險，自己則賺取不小的小確幸穩定的報酬。這個策略，就叫做放貸收息（Lending）。

收益原理

　　根據經濟學的完全競爭市場假說，在一個價格資訊公開、進入障礙小、且規模足夠龐大的市場，商品價格不會由買方或賣方單方面決定，而是市場機制會像一隻看不見的手進行協調。在借貸市場，「利率」就是資金的價格，學術界喜歡用 R（rent）作為利率的縮寫而非 I（Interest），就是因為他們把放貸（存款）的資金看作像房子的租金一樣，是一種將資產出租換來的報酬。根據市場上供給與需求的平衡，各種不同資產會有不同的利率，不過，在同等安全性的平台，同樣的資產借貸利率理論上會趨於一致。

　　舉例而言，如果有規模相當的 A、B 兩家銀行，且服務品質、安全性等其他屬性都相同，如果在 A 銀行的台幣存款有 1% 的利息，那就沒有人會選擇到 0.5% 利息的 B 銀行存款。於是，B 銀行也會給出 1% 利息台幣存款，才能吸引到用戶；反之，如果多數銀行都只能給出 1% 上下的利息，如果有銀行聲稱能給你 10% 存款利率就顯得很不現實了，因為在同一個市場、同一種商品做投資，若能開出更好的價格，通常就得在其他方面做出犧牲，例如安全性等。

而加密貨幣的放貸，如穩定幣 USDT、USDC，多數平台約能給出 6 到 12% 的投資報酬率。而比特幣和以太幣等高波動的主流幣，大多利率為 2% 到 6%。這個差別和一般銀行只給得出 1% 上下的原因就是借款者願意支付的利息。你會發現在這些借貸平台當借款者，得要支付比放貸利率（存款利息）更高的利率。這個數字通常是實時波動的，當市場火熱時，投機性的借款會更多，就會進一步拉高當時的借款與放貸利率。

放貸收息的安全性分析

加密貨幣借貸用戶最常擔心的是，如果跟我借錢的人跑路了，我該怎麼辦？畢竟加密貨幣追蹤不易，如果他就此不還錢，我豈不是得不償失？一般來說，加密貨幣的放貸平台分為兩種，一種是如前述提到的，平台充當中間人，將你的資金用更高的利率借給其他投資人。這種場合，平台會要求借款人「抵押」等值或超額的資產作為擔保才能借錢。也就是說，如果借款者沒有按時還款，平台有權利扣押其擔保品並用來幫他償還欠款。放貸用戶暴露的風險是相對小的。

另一種平台則是平台本身去市場上做投資，這類平台也

會取名為「資產管理平台」。本質上，就是用戶將錢借給平台營運者，並相信平台會連本帶利的還款。像這樣完全託付給第三方的放貸，就需要用戶自行對平台的安全性與信譽多做了解，建議投資新手選擇主流、老牌的交易所或資產管理平台提供的放貸服務（或債權認購），比較能安心。例如 Celsius Network、Matrixport、BlockFi、Bitfinex、Crypto.com、Steaker 都是市場上比較知名、有信譽的資產管理平台。

其中 Steaker（Steaker.com）由黃偉軒（Wilson）於 2019 年創立，是目前台灣業界最知名的數位資產管理平台之一。提供固定利率 9.8 %、以及浮動利率、高利率等不同策略類型的投資產品。讀者註冊時，可輸入筆者推薦碼 brainbro，未來每筆申購皆享有回饋。

放貸收息的策略要領

1. 慎選平台，風險考量為優先。

2. 據筆者個人的經驗，市場上 USDT 等穩定幣（原則上不擔心幣價損失）的放貸報酬率，優秀且知名的平台大多可以給到 6% 到 12% 年化報酬率。換句話說，號稱超過這個數字的保底收益投資平台可能就要小心了。你需要知道它的放貸資金是如何運用，才能安心貸出，否則遇到資金盤將得不償失。

幣圈策略五：流動性挖礦

入門難度：★★★★☆

獲利程度：★★★★☆

風險程度：★★★★☆

適合對象：去中心化金融支持者；熟悉區塊鏈錢包操作者

　　一提到加密貨幣的挖礦，大部分人想到的可能是用顯示卡、或是專門的礦機來挖礦。但這邊的流動性挖礦（Liquidity Mining, Yield Farming）卻不是那麼一回事。它雖然也叫挖礦，但卻不是靠打包區塊、驗證節點來獲取區塊鏈的加密貨幣獎勵。這是一種透過「提供流動性」賺取「項目方的加密貨幣獎勵」。「流動性」的白話文就是「錢」。也就是說，就是讓你在區塊鏈上平台「存錢」（有些也可以透過借錢）來「賺取」

新鑄造的加密貨幣獎勵。

存款即挖礦

　　第一個透過流動性挖礦取得巨大成功的幣圈項目，是去中心化借貸平台 Compound。2020 年 6 月，Compound 推出了「存款即挖礦」、「借款即挖礦」的全新玩法，讓所有在平台上放貸（提供流動性）、借款（使用流動性）的用戶，都能在原先的借貸利率不變下享有額外的 COMP 代幣獎勵。在當時，存款利息本來可能是 5 到 10% 不等，不過一旦把流動性挖礦收益計算進去，年化報酬率在短期內立刻飆高到數十、甚至數百 % 的驚人數字；而借款方也不惶多讓，本來在平台借錢需要支付個位數字到 10% 以上的利息，多了流動性挖礦收益後不僅把借錢的利息完全補貼，甚至還能倒賺（此即負利率借款的現象）。一時之間，所有幣圈人都集中到了「去中心化金融」（Decentralized Finance, DeFi）這個賽道。由於額外增發平台幣在技術上不難實現，又能藉此吸引大量用戶與資金的關注，流動性挖礦成了眾多 DeFi 平台如 SushiSwap、Balancer 等的招牌特色之一。各個 DeFi 平台市值也水漲船高，也正式拉開 DeFi

夏天的帷幕。

為什麼要免費送幣？

在過去，幣圈項目向群眾募資都是透過首次公開發幣ICO 等方式出售平台幣來籌措資金，就像一般的公司，只是公司是用 IPO 募股的方式。概念上，外界透過買幣（股）來投資平台，賺取平台未來營運帶來的收益；而平台則是藉此擴大經營。相較之下，流動性挖礦也是項目方將平台幣公開出售，只不過購買方式從直接花錢購買，變成「提供流動性到平台上」。

這種打破傳統的發幣模式，雖然沒辦法直接讓平台賺到賣幣的利潤，但確有這些更加重要的好處：

1. **吸引資金進駐**。DeFi 平台在剛起步時，常常礙於用戶不熟悉，導致用戶數和交易額短缺。透過流動性挖礦可以大量吸引外部資金與使用者，比起發幣時賺到多少錢，平台中有多少活躍用戶才是平台興衰的關鍵。

2. **篩選投資人**。許多幣圈投資人喜歡早期進場，後在高

點大量拋售平台幣，形成「割韭菜」風氣盛行，這對平台營運並非好事。使用流動性挖礦而非販售給特定私募投資人，有助於分散平台幣的持有，使幣價成長更健康。

3. **良性循環**。透過用戶參與平台的流動性挖礦，用戶在挖礦的同時也增加了平台的交易量、曝光與收益，間接提升平台市值；而平台市值又會直接反映到挖礦的收益，使更多用戶願意為平台提供流動性。

4. **平台治理**。流動性挖礦的參與者不用額外花錢就能獲得新的平台加密貨幣，而這些平台幣常常是有參與平台決策功能的「治理型代幣」，讓真正參與平台的用戶參與治理，有助於實現去中心化管理的願景。

你的錢，比你想像中值錢

隨著 DeFi 風潮擴散，流動性挖礦一詞現在已經被各大平台用自己的模式轉化運用。其實，從用戶的角度來看，流動性挖礦就跟存款生息沒有兩樣，只不過利息收入多了一份平台幣。用戶將資金存入平台的「資金池」，根據平台營運這個資金池可能用來借貸、造市、保險等各種用途。為了吸引更多人

存入資金，簡單來說，平台願意「花更多錢」來使用你的錢，其實與借貸的本質並無二致。如果要問為什麼能有這麼高利息（通常太高的利息不會維持太久），可能只能解釋為你的加密貨幣，遠比你想像中的值錢吧！

流動性挖礦的策略要領：

1. 慎選平台。DeFi 平台中有許多打著高報酬率的流動性挖礦服務，但平台安全性卻有待商榷。盡量只選有信譽的平台投資。

2. 慎選幣種。有時候存一些奇怪的幣能賺到最高的流動性挖礦報酬，但這些幣的幣價不見得能維持，因此幣種的選擇要優先於 APY 的高低。

3. 新手可以使用幣安交易所的提供流動性挖礦服務，比實際操作 DeFi 容易上手。

4-6
幣圈策略六：擼羊毛

入門難度：★☆☆☆☆

獲利程度：★★☆☆☆

風險程度：★☆☆☆☆

適合對象：任何人

　　什麼是「擼羊毛」（Deal Hunter）？其實就是利用商家的提供的優惠活動來獲利。那你知道加密貨幣市場也有無本擼羊毛的方式嗎？沒錯，就像麥當勞的報報 APP 每天簽到就能領點數，幣圈許多項目有時候也會有行銷活動，只要完成任務就能抽或送小額加密貨幣。如果你在各大幣圈社群多多留意，這種機會遠比你想像中的還要多！

領「空投」

幣圈新項目最常見的行銷手段之一就是「空投」（Airdrop）了。以區塊鏈項目 Conflux 為例，這個公鏈項目就時常透過益智問答、貼文分享等活動空投原生加密貨幣 CFX 給參與用戶。參與活動通常只需要花點時間了解一下活動辦法與規則說明，不需要投資任何真金白銀就能擼點羊毛下來。有時候擼一次的收益會達到 50 甚至 100 台幣呢！

但需要注意的是，有些不肖平台會假借送空投的方式，其實是引誘用戶先轉帳至他們的地址。如果是有「入金條件」之類的空投活動，參與之前一定要確認一下平台的安全性唷。

抽 IEO、IDO

許多新興區塊鏈項目的首次公開發幣，會開放一定數量的限額給大眾參與。這種模式類似於股市的 IPO，不過幣圈現在常見的公眾募資模式是「首次交易所發行」（IEO, Initial Exchange Offering）或是「首次去中心化交易所發行」（IDO, Initial Dex Offering）。多數時候，在 IEO 或 IDO 搶購到的幣價，

會比未來在交易所上的開盤價還低的多（當然也有例外），因此如果能抽到公募的機會，通常都是直接選擇 All In，準備翻倍獲利（因為有限額，這邊指的是買最大額度，而非砸身家購買）。

2021 年 9 月 在 FTX 交易所上 IEO 的 ATLAS 幣就創下了開盤即翻 50 倍的瘋狂成績，當初有抽到籤的幸運兒如果都有買滿，真的是海撈了一筆。

Coinlist 平台發行過的 IEO 報酬率表

推薦獎勵

許多幣圈項目為了激勵用戶口耳相傳的推廣，會給現有

用戶推薦碼或推薦連結。如果有朋友用自己的推薦連結註冊並使用平台的話，雙方都能得到一定的獎勵。

撸羊毛的策略要領：

1. 時常關心各大 FB、Telegram 社群，以及幣圈媒體。許多幣圈項目會與媒體合作釋出撸羊毛機會。

2. 留意消息來源，不可靠的資訊來源與不可靠的項目方一樣危險。

3. 留意成本收益比。有些過份優惠的活動，就要更加謹慎。也許是不肖項目方假裝發好康實則別有用心。

幣圈策略七：鏈上遊戲

入門難度：★★★☆☆

獲利程度：★★★☆☆

風險程度：★★☆☆☆

適合對象：線上遊戲愛好者、全職玩家

　　你有想過在線上遊戲世界裡打到的虛寶可以換成真實世界的金錢嗎？不是去 8591 上賣帳號，而是直接把那些虛寶拿到交易所賣掉！是的，在十年前這可能還是天方夜譚，但現在不但真的有人開發出打怪練等就能順便賺錢的遊戲，在越南還有許多人靠玩遊戲賺的錢比原本工作薪水還高，這就是玩遊戲就能賺錢的鏈上遊戲（Play-to-Earn Games, P2E）的概念。

區塊鏈遊戲

一般來說，線上遊戲裡面的虛寶不可能在遊戲外面出現二級市場。理由很明顯，要是遊戲公司隨便可以在後台按兩下就生成的遊戲虛寶在外面有實質價格，那這公司不就自帶印鈔機了？此外，如果用戶要買裝備，有什麼理由不在遊戲世界裡直接跟官方買，反而要在交易所之類的二級市場做交易呢？畢竟那樣肯定還會被人從中間多賺一手。

然而，區塊鏈上的線上遊戲（鏈上遊戲，後簡稱鏈遊）輕鬆地突破了這些屏障。首先，鏈遊是運行在智能合約上，而非遊戲公司的單一伺服器。這讓開發者失去隨意增發虛寶圖利自己的權限（有些項目仍會保留權限），使市場更願意信賴虛寶的價值；另外，由於一般的遊戲商販賣虛寶、裝備等是重要的收入來源，而鏈遊透過玩家在遊戲內操作、質押與進場門檻等方式即可收取獲利。因此，鏈遊可以發行「只送不賣」的功能型虛寶，讓玩家只能從每天花時間玩遊戲來取得，否則就只能到外部交易所花真錢買入。以此確保虛寶市價，也讓玩家更有誘因參與。

Axie Infinity 旋風

由區塊鏈項目 Sky Mavis 開發的 Axie Infinity 可說是 2021 年暑假最火熱的線上遊戲，也正是 Axie 打響了「玩遊戲就能賺錢」（P2E, Play-to-Earn）的鏈遊風潮！這一款類似蒐集神奇寶貝來打怪的遊戲在幾個月內就紅遍東南亞，最大市場是菲律賓，其次是越南、馬來西亞、印尼與美國等。玩家開場需要先擁有三隻名 Axie 的小精靈，接著就可以透過解每日任務、參與對戰等玩法賺取功能型虛寶「愛情靈藥」（Small Love Potion, SLP）。而這些 SLP 正是玩家的主要收益來源，因為它其實是區塊鏈上的一種虛擬貨幣。每天玩遊戲、解任務所獲得的 SLP 可以直接拿去幣安等交易所賣掉換成 USDT，且玩家水平越高就能在戰鬥中取勝更多，賺取更多 SLP，實現真正的玩遊戲即賺錢！

當然，要玩 Axie Infinty 也是有門檻的，那就是一開始的三隻 Axie 需要花錢購買。隨著 Axie 聲勢水漲船高，基礎版 Axie 的價格也是一路向上，目前新進場的玩家至少需至少準備三萬台幣才能湊齊三隻堪用的 Axie。

元宇宙（Metaverse）

　　元宇宙（Metaverse）的概念最早出自尼爾·史蒂文森（Neal Stephenson）的科幻小說《潰雪》（Snow Crash）。它描述的是一個完全虛擬的世界，玩家可以連入電腦，化身為一個虛擬角色像輕小說《刀劍神域》那樣在裡面玩耍。隨著 5G、VR 和區塊鏈等關鍵技術的發展，元宇宙從只可存在於科幻小說到現在變得越來越可能實現。其中一個元宇宙與一般 VR 遊戲的最大區別就是，元宇宙可以讓用戶在遊戲世界中就能「工作賺錢」。這種只是連上網路玩遊戲的經濟行為原本被認為不可能，但在疫情影響下的 Work From Home（在家辦公）風潮以及 Axie Infinity 等玩賺遊戲的成功，也帶動越來越多 NFT 項目

往這個路線發展。儘管目前元宇宙的原型都還只存在於科幻小說與電影,但隨著如 Facebook 等科技公司與區塊鏈項目的積極投入,玩遊戲就能賺錢的概念勢必在未來成為一個越來越成熟獲利模式。

鏈上遊戲的策略要領:

1. 需要事先投資的遊戲,必須再三小心。因為現在鏈遊正熱,割韭菜的項目方很多。最好是選擇 Free to Play ＋ Play to Earn 的模式。

2.Axie Infinity 是目前規模最大的 P2E 遊戲,如果讀者本金不足以自己辦新帳戶,可以使用 Axie Infinity Scholarship 的模式,花時間幫別的玩家打怪,再與該玩家對分遊玩獲得的 SLP 收益。

附錄

幣圈術語小辭典

圈內行話（Buzz Word）

不管是在英文或中文的比特幣論壇中，總是會出現許多讓新手一頭霧水的詞或縮寫，本篇就是幣圈經典用語的彙整。

ATH：All Time High，指歷史上的價格最高點。

FOMO：對於錯失的恐懼（Fear of Missing Out）。指的是當投資標的飆漲時，投資人因為害怕錯過明日漲幅而不顧一切的進場的心態。

FUD：恐懼、不確定、懷疑（Fear, Uncertainty, Doubt）三者合稱，指投資人在不確定行情時，會出現的過度拋售心態

APY：年化投資報酬率（Annual Percentage Yield）。指的是考慮複利情況，投資整整一年會得到的報酬率。

GAS：燃料費。進行區塊鏈上交易時，付給礦工的手續費。

HODL：堅定長期持有，不賣出手中的幣。源自於 Bitcointalk 論壇上某位用戶將 Hold 拼寫錯誤。

To the Moon：形容幣價將飆漲到月球，是幣圈常見的信仰口號。

KYC：Know Your Customer，透過收集客戶資訊並驗證身

分，確保合規的監管制度。

DYOR：Do Your Own Research，指投資人在投資前須自己做好研究，了解相關內容與風險後再進行投資。

U：USDT 的簡稱。在幣圈作為計價單位，價值等同美元。

刀：US Dollar，美元是也。

鑽石手：Diamond Hands，指不畏短期幣價下跌堅持持幣的人。

審計：檢查 DeFi 智能合約的程式碼，確保項目安全可靠、沒有漏洞。

牛市：Bull Market，又稱多頭市場，指市場上多數標的呈現上漲趨勢。

熊市：Bear Market，又稱空頭市場，指景氣整體向下。當市場氣氛長期低迷時，就如同熊的冬眠期。在投資人不看好後市，紛紛賣出持有的幣。

割：大戶拋售資產，讓幣價下跌，讓韭菜們賠錢。

韭菜：貶義，指的是市場上學不乖的散戶、總是追漲殺跌卻賠錢的投資人。來源是因為韭菜長得很快，很容易收割。但其實幣圈大家都自稱韭菜，只不過是老韭菜或新韭菜的差別。

鯨魚：Whale，持幣很多的大戶。反之持幣少的可稱為蝦

米。

追高：看到幣價一路衝高，為了不錯過接下來的上漲行情而買進。

殺低：看到幣價一路走低，為了不錯過接下來的下跌行情而賣出 / 做空。

抄底：在幣價跌到低點時，預期接下來行情會反彈而買入。

割肉：看到幣價一路下跌，因為害怕接下來會繼續走低，就忍痛認賠出場。

倒貨：大量出售某一資產。

吸貨：大量買進某一資產。

（交易所）帳戶：由中心化的機構代為保管的錢包，透過一般使用帳號密碼即可登入，進行加密貨幣的買進持有與交易。

錢包：指去中心化的加密資產儲存單位。一個錢包至少包含一組地址與私鑰，地址可以公開、私鑰則絕對不行。

冷錢包：Cold Wallet，指沒有連接網路的錢包，私鑰在離線裝置完成簽章，相比熱錢包更為安全。

地址：一串由英文與數字組合的亂碼，這就像是銀行的

匯款帳號，在加密貨幣的世界中必須要有地址才能接收加密貨幣。

空投：Airdrop，項目方免費發送代幣到錢包，通常會要求使用過該項目的服務或是完成特定社群任務。

山寨幣：Altcoin，泛指所有非比特幣的加密貨幣。

大哥、大餅：指加密貨幣市值龍頭比特幣。

二哥：指加密貨幣市值第二位的以太幣。

吸血：指比特幣獨漲，其他幣跌的行情。

資金盤：龐式騙局的變形，類似老鼠會的吸金手段。

區塊鏈專有名詞

身為最有潛力改變世界的新技術，區塊鏈每年都有許多的新應用和趨勢，這些重要名詞一定要有所認識。

區塊鏈：使用分散式節點進行資料存儲與傳遞的技術，是一種去中心化的資料庫。非對稱加密法讓區塊鏈實現不可竄改的特性，是所有加密貨幣的核心底層技術。

跨鏈：透過各種方案，實現不同區塊鏈上的資產轉移與

互動。

公鏈：公開的區塊鏈（Public Blockchain），所有人都可以成為該鏈的節點來維護系統、挖礦獲利、使用該鏈進行發送交易、記帳或是查看紀錄等的服務。例如比特幣和以太坊就是大眾最熟悉的公鏈。

私鏈：私有的區塊鏈（Private Blockchain），通常由企業或組織管理營運，對使用者設立限制，效率較高也較中心化。

聯盟鏈：Consortium Blockchain，由多家機構共同管理營運的區塊鏈，較接近私鏈的模式。

穩定幣：Stablecoin，價值錨定法幣的加密貨幣，最常見的為美元穩定幣，如 USDT 和 USDC 等。

聰：Sat，比特幣的最小單位，名稱由來是比特幣的發明人中本聰（Satoshi Nakamoto）。1 聰等於 0.00000001 比特幣。

去中心化：Decentralized，不必依靠第三方中介機構運作的體系，是比特幣的核心理念。

DAPP：去中心化應用程式（Decentralized Application），是建構在區塊鏈上的應用程式。

DeFi：去中心化金融（Decentralized Finance），在區塊鏈上透過智能合約自動執行的金融服務。

流動性挖礦：Yield farming。在 DeFi 項目裡，透過提供項目流動性，獲取代幣獎勵或穩定幣的收益。

質押：將持有的加密貨幣鎖入平台以得到獎勵。在 PoS 的機制下，質押可維護該區塊鏈的運作；在 DeFi 項目中，則通常指提供項目流動性。

GameFi：區塊鏈遊戲。通常遊戲內的獎勵代幣可以變現，實現 P2E（Play to Earn），也就是邊玩邊賺錢。

NFT：非同質化代幣（Non-Fungible Token）。每一個代幣都獨一無二，透過區塊鏈技術能確保真偽，常應用於藝術和遊戲等領域。

幣圈：投資加密貨幣的社群，熱衷於討論交易或 DeFi、GameFi、NFT 等投資獲利方式。

鏈圈：研究區塊鏈技術的社群，專注於開發區塊鏈底層技術、關心相關產業應用。

礦圈：專注於挖礦的社群，研究顯卡、礦機與挖礦機制。

礦工：從事挖礦的人，區塊鏈上的資訊需要有人維護（記帳），礦工透過驗證交易並打包上鏈，藉以獲得代幣獎勵。

共識機制：決定區塊鏈如何運行的機制，包含區塊生成、驗證方式、獎勵發放等設定。

ICO：首次公開發幣（Initial Coin Offering）。指幣圈項目首次向大眾販售項目方的加密貨幣來融資。類似於股市的IPO，但受法規約束更少。

IEO：首次交易所公開發幣（Initial Exchange Offering）。在2017年ICO的一波大熱和氾濫之後，許多ICO項目方跑路，使投資人蒙受損失，ICO手段變得惡名昭彰。因此，許多幣圈項目選擇與交易所（Exchange）合作，向大眾販售項目方的加密貨幣來融資，藉由交易所的背書提高投資人信賴。

IDO：首次去中心化交易所公開發幣（Initial DEX Offering）。跟上一項的IEO一樣，只是發幣的合作對象換成「去中心化交易所」（Decentralized Exchange, DEX），一樣是想藉由DEX的背書提高投資人信賴。

PoS：權益證明（Proof of Stake），挖礦術語。驗證者透過持有代幣的數量為依據，去爭取記帳的權利。

PoW：工作量證明（Proof of Work），挖礦術語。驗證者需計算數學問題，藉由礦機的算力來爭取記帳的權利。

智能合約：Smart Contract，寫於區塊鏈上的一系列if then程式碼。類似於去中心化的自動販賣機。讓用戶與區塊鏈互動時，系統可以直接應對用戶的操作給出相應的反應，無須開發

者額外干涉。

51 攻擊：在如比特幣等去中心化網路中，如果有一方實體獨攬系統中 51% 以上的驗證節點算力，即破壞了分散式治理的性質，可能出現取消交易或偽造資訊等狀況。

API：這是指「應用程式介面」（Application Programming Interface），應用程式透過呼叫函式庫或作業系統的程式碼，來執行需求。

羊毛黨：用一點點努力，低風險賺取利潤的人。在幣圈指透過關注各種項目方最新消息，獲取免費獲利機會的群體。

進階交易常用術語

加密貨幣交易所的許多進階玩法都參考了股票和期貨，有興趣的投資人可以多加研究，找出最適合自己的分析策略。

K 線圖：蠟燭型態的幣價棒畫成的幣價走勢圖，最基本的技術分析工具。

綠 K：在台股是跌，但在幣圈是綠漲紅跌。（不過，許多台灣幣友仍將台股的習慣搬到幣圈，用一片紅表示大漲）

均線：一段時間內的幣價平均值連線，可視為這段時間

的平均成本價。透過不同的計算方式，有移動平均線（MA）、指數移動平均線（EMA）等等。

突破：在幣價上升、下降、或盤整的趨勢中，若幣價跑出原本的區間即為突破，說明不同的行情或將出現。

收斂：隨著價格波動越來越小，成交量也在縮小，在收斂結束前狀況不明。這時可以等待幣價表態，才能知道下一波趨勢如何走。

支撐／壓力：交易量高的區間，也就是資金集中的區域，一般認為幣價不容易突破這個價位。若跌破支撐就會形成壓力，像是價格的天花板；反之突破壓力就會成為支撐，像是價格的地板。

頭肩頂：幣價走出兩個肩一個頭形狀的頂部，一般認為是看跌的型態。頭肩底：幣價走出兩個肩一個底形狀的底部，一般認為是看漲的型態。

M頂：幣價走出M形的頂部，一般認為是看跌的型態。

W底：幣價走出W形的底部，一般認為是看漲的型態。

趨勢線：透過幾個K線圖上的端點連線形成的線，在幣價突破線之前可視為趨勢的方向。

金叉＆死叉：金叉是快速線由下而上穿過慢速線，一般

認為是後市將看漲的指標。死叉則是快速線由上而下穿過慢速線，一般認為是後市將看跌的指標。

做多 & 做空：做多（Long）代表持有多頭部位，本意是代表長期投資，現在大致上就是買進的意思。做空（SHORT）則代表持有空頭部位，本意是代表短線炒作，現在大致上就是賣出、預期未來價格下跌後再回補賺取價差的意思。

期貨：一種衍生性金融商品。在到期日（未來的某天），會以現貨價格進行倉位的結算的投資部位。舉例來說，若我預測三個月後的比特幣現貨價格為六萬，那我可以在現在以五萬的價格買進比特幣期貨，三個月後到期時，可以用當時的價格出售，賺取價差。（補充：期貨的本質在於預測未來的價格，用做避險或是投資。）

合約：幣圈的永續期貨合約的簡稱。玩法與期貨類似，常搭配槓桿使用。

倉位：在合約市場中，擁有一個做多的倉位不代表擁有比特幣現貨，而是持有一個看多比特幣的契約，到時候會和看空的契約一起結算。

槓桿：透過放入保證金，借到更多的錢，有較大的資金去進行投資，使獲利可以倍增（但虧損也會倍增）。

開單：建立一個投資部位。

爆倉：行情劇烈波動下，會發生保證金不足的情況，若沒有補足保證金，合約倉位就會被強迫平掉，資金瞬間歸零。

現貨：實際能儲存、轉移或是交易的金融商品，與槓桿、合約等衍生性金融商品相對。

插針：短時間內有大量訂單成交，導致價格瞬間急劇波動後回到正常價格，使K棒留下長長的上／下影線。插針很容易使投資人的投資部位爆倉、止損，大家都不喜歡。

對沖：透過購買行情不相關或是相反的標的，減緩或規避漲跌的風險。

加倉：加碼買進原先已擁有的投資部位。

減倉：減少原先已擁有的投資部位。

資金費率：為了使永續合約價格與現貨市場一致而設置的費率。當多數人看好加密貨幣的市場，使期貨價格（也就是預測未來的價格）比現貨價格還要高，為了平衡這個現象，合約作多的人每八個小時需付一筆資金費率給做空的人。反之，當市場前景不好時，做空的人數大於做多的人數，則由做空的那方也付資金費率給做多的人。以此抑制多數人在合約市場持續做多或做空。

一心文化 skill 008

比特幣投資金律：
加密貨幣實戰教學與進階獲利法

作 者	黃文逸
編 輯	蘇芳毓
排 版	polly530411@gmail.com
出 版	一心文化有限公司
電 話	02-27657131
地 址	臺北市信義區永吉路 302 號 4 樓
郵 件	fangyu@soloheart.com.tw
初版一刷	2021 年 11 月
初版七刷	2023 年 12 月

總 經 銷	大和書報圖書股份有限公司
電 話	02-89902588
定 價	399 元

國家圖書館出版品預行編目（CIP）

比特幣投資金律：加密貨幣實戰教學與進階獲利法 / 黃文逸著 .
-- 初版 . -- 台北市：一心文化出版：大和發行 , 2021.11
　面；　公分 . -- (一心文化)

ISBN 978-986-06672-4-0(平裝)

1. 電子貨幣　2. 電子商務
　563.146　　110017148

BINANCE

 LINE 社群

 Telegram
中文社群

 Facebook
粉絲專頁

全台最大加密貨幣買賣平台

Taiwan No.1 Fiat–Crypto Trading Platform

幣託 *BitoEX*

幣託於 2014 年成立，首年即達成「全球首創」超商買幣

BitoEX 集團致力於區塊鏈普惠金融，期盼以區塊鏈技術改良傳統金融服務，以高規格資安保障用戶資產，推廣台灣加密貨幣產業，嚴格遵守台灣金融法規之虛擬通貨相關規範，並為會員的加密資產投保。

幣託錢包

台灣第一家專業安全之加密貨幣錢包，首創超商、中華電信等點數換比特幣，可透過銀行匯款與超商以新台幣買賣加密貨幣。

幣託交易所

提供類似台股下單撮合服務，包含法幣與幣幣交易服務。

BitoDebt 幣託債權認購平台

台灣第一家提供加密貨幣債權，提供專業合法且低風險、最高 18.8% 穩定獲利的理財工具。

TTCheck 數位禮物卡

幣託獨創禮物卡功能，將虛擬貨幣轉換成一組 TTCheck 代碼，提供朋友或其他用戶兌換。

歡迎加入
幣託官方社群

BitoEx_FB	BitoEx_官網	BitoPro_FB	BitoPro_官網